Lições de vida de um cão Chamado *Lava*

Jay Kopelman

Lições de vida de um cão Chamado *Lava*

Tradução
Elena Gaidano

CIP-BRASIL. CATALOGAÇÃO-NA-FONTE
SINDICATO NACIONAL DOS EDITORES DE LIVROS, RJ

K86L   Kopelman, Jay
       Lições de vida de um cão chamado Lava / Jay Kopelman;
      tradução: Elena Gaidano. - Rio de Janeiro: Best*Seller*, 2009.

      Tradução de: From Baghdad to America: life lessons from
      a dog named Lava
      ISBN 978-85-7684-303-0

      1. Kopelman, Jay. 2. Iraque, Guerra do, 2003 - Narrativas
      pessoais americanas. 3. Cão - Iraque. I. Título.

                                                 CDD: 956.70443
09-0420   CDU: 94

Texto revisado segundo o novo
Acordo Ortográfico da Língua Portuguesa.

Título original norte-americano
FROM BAGHDAD TO AMERICA: LIFE LESSONS FROM A DOG NAMED LAVA
Copyright © 2008 by Jay Kopelman
Copyright da tradução © 2008 by Editora Best Seller Ltda.

Capa: Sense Design
Editoração eletrônica: Abreu's System

Todos os direitos reservados. Proibida a reprodução,
no todo ou em parte, sem autorização prévia por escrito da editora,
sejam quais forem os meios empregados.

Direitos exclusivos de publicação em língua portuguesa para o Brasil
adquiridos pela
EDITORA BEST SELLER LTDA.
Rua Argentina, 171, parte, São Cristóvão
Rio de Janeiro, RJ — 20921-380
que se reserva a propriedade literária desta tradução

Impresso no Brasil

ISBN 978-85-7684-303-0

PEDIDOS PELO REEMBOLSO POSTAL
Caixa Postal 23.052
Rio de Janeiro, RJ – 20922-970

Com gratidão, para aqueles que fizeram o sacrifício supremo servindo ao seu país.

"Os cães são nossa ligação com o paraíso. Não conhecem o mal, a inveja ou o descontentamento. Estar sentado com um cão numa colina numa tarde gloriosa é estar de volta ao Éden, onde não fazer nada não era tédio — era paz."

MILAN KUNDERA

Agradecimentos

PODE PARECER ESTRANHO INICIAR esta obra demonstrando gratidão a um cachorro, mas isso é o que me sinto na obrigação de fazer. Se não fosse por Lava e suas palhaçadas constantes e seu *joie de vivre* (que é um modo gentil de descrever seu comportamento soberbo e exaltado), certamente não haveria livro para escrever. Estou grato por seu companheirismo quando não haviam outros companheiros e pela sua lealdade constante.

Dito isto, eu gostaria de agradecer a Dennis Wood, Ph.D., pela sua visão de transtorno de estresse pós-traumático e sua disposição para discuti-la, e também pelo trabalho que ele e outros estão realizando para combatê-lo por meio da utilização da realidade virtual. Neste sentido, quero agradecer e reconhecer o trabalho de todos que estão envolvidos no projeto de realidade virtual no Centro Médico de Realidade Virtual em San Diego.

Quero agradecer aos meus pais pelo apoio e amor em todas as vitórias e derrotas de minha vida. Não importava para eles que eu ganhasse ou perdesse — eu era sempre seu filho.

Obrigado também à minha agente, Julie Castiglia — embora você seja frequentemente crítica (e ocasionalmente "do contra") —, pois eu não seria autor sem sua orientação e apoio. Obrigado pela sua boa vontade, suas opiniões e a confiança em minhas habilidades.

Sou agradecido a Tony Lyons e a todos da Skyhorse Publishing, especialmente à minha editora, Ann Treistman, que é tão compreensiva quanto talentosa e que acreditou neste livro desde o começo. Obrigado pela sua direção e sensibilidade e por me incentivar quando eu mais precisava. Foi um prazer voltar a trabalhar com você.

Para os meus meninos, Mattox e Sean, saibam que amo muito vocês e aprecio-os a cada minuto de cada dia. Por fim, obrigado a minha encantadora mulher, Pam, por ser minha melhor amiga, parceira, minha editora em La Jolla e uma empolgada torcedora. Obrigado por sua paciência, amor e compreensão (mesmo nos meus piores dias). Você transforma nossa casa num lar, é o elemento que nos mantém todos juntos. Eu amo muito você.

Sumário

Apresentação 13

Prefácio
Primavera de 2005, La Jolla, Califórnia 17

Capítulo 1
Se você pode salvar seu cão,
pode salvar a si mesmo 23

Capítulo 2
Você tem de quase perder algo
(duas vezes) para encontrá-lo 37

Capítulo 3
Óculos da cor do deserto 49

Capítulo 4
O amor chega, graças a Lava 69

Capítulo 5
O medo fortalece você 79

Capítulo 6
O que você é no escuro 89

Capítulo 7
Como a rotina de conservar-se vivo pode manter a sanidade   103

Capítulo 8
Você é a soma de suas experiências   123

Capítulo 9
Abrindo o livro do berreiro   137

Capítulo 10
Nunca desista   153

Epílogo   163

Notas Finais   169

Bibliografia   173

APRESENTAÇÃO

EU NÃO CONSEGUIA PARAR de ler o primeiro livro de Jay Kopelman, *De Bagdá, com muito amor,* e quando recebi o manuscrito desta nova obra, mal podia esperar para devorá-lo. Imaginava que este segundo livro ia começar do ponto em que o outro terminara, com a história do cão Lava levando uma boa vida com Jay no sul da Califórnia.

E, obviamente, ele faz isto, porém faz muito mais. Esta realmente é a história do que aconteceu depois que Lava chegou aos Estados Unidos. Mas é também a história do que aconteceu com Jay Kopelman ao voltar para casa, para o casamento, a paternidade e os muitos desafios do retorno à vida civil.

Acho que Jay seria o primeiro a admitir que não tinha a menor ideia de que resgatar um filhote de cachorro no Iraque seria uma experiência que mudaria sua vida. Afinal, o simples ato de salvar um cão fez mais que meramente enriquecer a vida de Jay. Transformou-o verdadeiramente.

Ao contar a história do que ele e seus companheiros fuzileiros navais fizeram para salvar Lava, Jay fez algo de maravilhoso para os animais. Compartilhando a história de sua própria jornada em direção a uma autoconsciência mais profunda, Jay prestou um serviço ainda maior aos seus companheiros de armas e ao seu país. Honra, Coragem e Compromisso é o lema dos fuzileiros navais norte-americanos, e, de acordo com o relato de Jay, os fuzileiros não costumam ser figuras emocionalmente abertas, sensíveis e delicadas. No entanto, esta realmente é uma lição de introspecção, mudança e amor. Apesar de a narrativa ser centrada em Jay, sua esposa, dois filhos, o cão Lava, seus companheiros e todo o Corpo de Fuzileiros Navais são cruciais para a história.

Jay teve de ouvir muitas críticas por ter salvado e tentado levar um cão para casa, mas nenhuma partiu de nós aqui da Humane Society of the United States (HSUS). A HSUS conta com o apoio de numerosos militares e suas famílias e, entre 2003 e 2008, eu mesmo escrevi quatro cartas a dois secretários da Defesa norte-americanos (Donald Rumsfeld e Robert Gates) sobre assuntos relativos ao bem-estar de animais.

Desde o início do conflito no Iraque, a HSUS recebeu não somente diversas ligações de militares interessados em trazer para casa os animais que encontravam na zona de guerra, como ouvimos muitas reclamações de pessoas incomodadas com o Regulamento Geral 1-A do departamento da Defesa norte-americano. Efetivamente, o RG1-A proíbe os soldados e os fuzileiros navais norte-americanos que estão em áreas de conflito de resgatar e cuidar de animais em perigo. Esta não é uma medida muito popular entre as tropas e logo tomamos conhecimento que diversos norte-americanos na zona de guerra, inclusive oficiais de bases militares, estavam se empenhando para ajudar animais, contornando o RG1-A quando e como podiam.

Encorajamos o departamento da Defesa a apoiar nossas tropas, permitindo que os militares cuidassem dos animais que estão em áreas de conflito, e a adotar uma abordagem mais humana e eficaz quanto aos desafios de controle animal nessas regiões. Manifestamo-nos contra o confisco e destruição dos bichos de estimação dos soldados por parte das autoridades militares e seus contratados. Inclusive nos oferecemos para ajudar o Pentágono a elaborar um plano para que todo o pessoal qualificado pudesse trazer mascotes e bichos de estimação para os Estados Unidos, com o limite de um animal por pessoa, de maneira organizada, fornecendo vacinas e garantias de que teriam lares permanentes.

Também tivemos notícias de cidadãos chateados com incidentes de crueldade supostamente filmados por membros das tropas americanas e tentamos persuadir as lideranças militares norte-americanas a desencorajar esses incidentes (por sorte, ainda raros) com animais por parte de americanos uniformizados. A HSUS exigiu uma revisão do Código da Justiça Militar, para tornar a crueldade punível pela lei militar, da mesma forma que o é pela lei de qualquer Estado.

Uma proibição explícita seria uma medida razoável e facilmente adotável, e se constituiria num sinal inequívoco de tolerância zero em relação à crueldade com os animais entre os militares norte-americanos. Em minha carta ao secretário Gates, escrevi: "Reconhecemos que incidentes desse tipo não são típicos entre os bons homens e mulheres que defendem e protegem nossa nação em tempos de guerra e de paz. Do nosso ponto de vista, isto é mais um motivo para haver uma ação decisiva no sentido de identificar e tomar medidas contra as más ações por parte daqueles poucos cujos maus procedimentos se refletem de maneira negativa sobre o restante."

Ainda aguardamos respostas e medidas positivas, mas uma coisa é certa: Jay e Lava, e outros como eles, notabilizaram essas questões, e no futuro ficará ainda mais difícil para nossas lideranças militares ignorar esse tipo de preocupação.

Neste livro, Jay e Lava levantam ainda outra questão importante — algo que diz respeito a qualquer veterano que regressa e que deveria ser do interesse de todos: os efeitos do estresse, da depressão, do deslocamento e outras emoções negativas que resultam de trauma e estresse em combate. Nem todos os militares em serviço voltaram para casa com um cão, mas grande parte daqueles que serviram na defesa de nossa nação regressou com o desafio de combater o transtorno de estresse pós-traumático (TEPT) e outros problemas. Jay enfrenta esta questão com coragem e sensibilidade, e este é o motivo pelo qual *Lições de vida de um cão chamado Lava* traz implicações de amplo alcance, que vão muito além de sua história inicial sobre o resgate de um cão.

Assim, às muitas qualidades heróicas de Jay pode-se acrescentar sua franqueza em relação à luta que ele e outros militares travam para enfrentar as complexidades da vida depois do combate. E, às muitas características de Lava — órfão, sobrevivente, mascote, viajante internacional, companheiro de jogos e símbolo — podemos adicionar ainda outra: cão terapêutico. Admiro ambos, e você também o fará.

Wayne Pacelle, Presidente e CEO da
The Humane Society of the United States
2 de abril de 2008

Por mais de meio século, a HSUS vem lutando pela proteção de todos os animais, por meio da advocacia, da educação e de programas práticos.

Para valorizar animais e combater a crueldade, visite a HSUS na internet, em www.humanesociety.org

PREFÁCIO

Primavera de 2005, La Jolla, Califórnia

*"Meus cães perdoam a raiva que há em mim,
a arrogância que há em mim, o bruto que há em mim.
Eles perdoam tudo o que faço antes
que eu perdoe a mim mesmo."*

— GUY DE LA VALDENE

A JULGAR PELA CAPA DESTE LIVRO, VOCÊ PROVAVELMENTE já inferiu que eu tenho uma relação especial com o meu cão. Ele não é apenas um cão que eu crio. Eu o trouxe do Iraque, contra tudo e todos — inclusive regulamentos militares. Já escrevi essa história. *Lições de vida de um cão chamado Lava* é sobre o que aconteceu em seguida, depois que regressei do Iraque. Para começar, terminei com minha namorada da época; quase não reconheci meus antigos vizinhos; percebi que nove entre dez pessoas da minha cidade eram autocentradas e cheias de si; e, o que foi de longe o pior, numa tarde quente e ensolarada, acabei vendo Lava, meu vira-lata recentemente resgatado da guerra, correr para o meio da rua... lançando-se na frente de um carro que se aproximava.

Bom, agora, você está pensando: *Que tipo de babaca salva um cão do Iraque para deixar que ele seja morto por um carro em San Diego?* E realmente não tenho como contra-argumentar com você neste quesito. Quer dizer, por Deus, como aceitar que é certo algo assim acontecer? Você resistiu às piores condições de sobrevivência do mundo, inclusive a ataques de foguetes, de morteiros e bombas suicidas. Você conseguiu sair do Iraque e chegar com segurança ao Kuwait, apesar das condições de um voo noturno e da iminência de mísseis terra-ar. Você chega em casa, na "melhor cidade da América", cercada pelo surfe, pelas montanhas e pelo deserto — sem falar nos amigos e na família —, então, num belo dia, você não olha antes de atravessar a rua e *pronto!* Acabou-se, sem mais nem menos.

Bem, não foi tão grave assim, mas, para Lava, foi por um fio.

Faz uma linda tarde de primavera, tão comum no sul da Califórnia, e caminho com Lava sem coleira, curtindo a temperatura agradável e um ao outro, cientes de que passamos pelo inferno e conseguimos sair do outro lado ilesos. Vejo um carro descendo a rua a alguma distância e sei que Lava não repara nele — ou, talvez, simplesmente não faz ideia de que aqui, nos Estados Unidos, as pessoas dirigem carros grandes demais para suas habilidades e a uma velocidade que beira a barreira do som, mesmo em bairros residenciais que normalmente são tranquilos.

Assim, aproximo-me dele com cuidado. Antes de tudo, não quero assustá-lo. Lava ainda é um pouco arisco; qualquer movimento rápido em sua direção o faz fugir apressadamente em busca de segurança, e ele está a pouco mais de 1 metro da rua. Mas, como era de se esperar, conforme vou chegando mais perto, ele dá o bote. E a motorista do carro — sei que ela nos vê ou, pelo menos, que me vê em pé do lado da rua — sequer reduz a velocidade. Obviamente, sua pressa é mais importante para ela do que a segurança ou o bom senso (deve estar facilmente trafegando a 70 ou 80 quilômetros por hora).

A essa altura sei que estamos em apuros. Lava está correndo em direção ao carro, e não para casa. Sei disso como sei meu nome e o número da minha identidade. Lava está se dirigindo em linha reta para a rua e não há nada que eu possa fazer para retê-lo. O tempo se comprime tanto que por um breve momento para.

Então, tudo acontece. Os freios rangem, os pneus cantam, há fumaça e o cheiro acre de borracha queimada no ar. Então, segue-se um uivo de medo e dor de arrepiar, quando 14 quilos de cão se chocam com 2.500 quilos de automóvel.

Porém, Lava ainda é o guerreiro que eu sempre soube que era. Ele não se deixa ficar no meio da rua, ferido, lamentando-se. Não, Lava levanta-se ainda antes que eu possa dar dois passos em sua direção e corre para casa a toda velocidade, sem parar de urrar, nem por um segundo, como se a gritaria o guiasse ainda mais rapidamente para a segurança e a salvação. É o pior ganido que já ouvi em toda a minha vida, de dilacerar o coração e congelar o sangue nas veias, e olha que eu já ouvi cada som sair da boca de homens feridos que fariam você vomitar imediatamente. Sinto como se eu também tivesse sido atingido. Lava está correndo em três patas mais rápido do que eu posso esperar correr um dia no auge da minha forma física. Tudo o que consigo fazer é correr atrás dele — e não é difícil seguir seu rasto porque a trilha de sangue que ele deixa eu posso lhe dizer que é bem, digamos, considerável. Corro tanto que os sapatos voam dos meus pés. Só consigo pensar que tenho de alcançar Lava e conseguir ajuda.

Sei que ele está machucado — gravemente machucado — e eu tenho de alcançá-lo, segurá-lo e dizer-lhe que está tudo bem. O difícil é realmente acreditar nisto quando você olha para a pata do seu cão e consegue ver ossos e tendões aparente devido a um corte imenso que abriu em sua pele. E você nota que ele foi arrastado por debaixo do carro, porque sua barriga e a superfície de seu rabo foram raladas pelo asfalto. Como é que eu posso dizer para meu filhote de seis meses de idade, assustado, ferido — não machucado, *ferido* — que tudo vai ficar bem? Como é que você explicaria isto para seu filho pequeno, por exemplo?

Todo o meu mundo está de pernas para o ar — é como se tivesse acontecido um abalo sísmico e o Pólo Norte estivesse virado para o sul — e eu me sinto impotente.

Está acontecendo de novo.

Embrulho Lava num cobertor, ponho-o dentro do carro e levo-o o mais rápido possível para um veterinário. Minha mente está a mil, provocando-me: *Você desrespeitou as regras para trazer Lava para cá e então merece isto. É um tipo de carma ruim que está baixando e você vai perder Lava porque quebrou essas malditas regras e salvou um maldito* cão. *Babaca!*

Jamais senti tanta tristeza, raiva, desespero e aflição de uma só vez. Meu melhor amigo havia acabado de me ser devolvido alguns dias antes. Ele não pode morrer aqui, assim. Então, estamos no hospital e ele está na mesa de cirurgia, e os veterinários estão trabalhando freneticamente para colocá-lo no soro, fazer os exames e avaliar os danos. Danos que eu causei por minha negligência e descuido. O pior de tudo é, de longe, quando não deixam você ver o que estão fazendo; você não sabe o que eles estão pensando enquanto examinam o cão... *você não tem controle algum sobre se ele vai viver ou morrer.*

Eu me sinto uma droga de ser humano quando John Van Zante vai ao meu encontro no hospital. Penso cá comigo: *John me ajudou a trazer Lava de Bagdá e esteve no aeroporto de O'Hare no dia em que Lava aterrissou nos Estados Unidos — e agora ele vai estar aqui para vê-lo ir embora.* Não tenho sequer certeza do por que eu telefonei para ele, a não ser que achei que ele entenderia. John faz o melhor que pode para me consolar, dizendo-me que não foi minha culpa e que isso acontece a toda hora. Ele me ajuda a sair dessa situação difícil com aquela cascata que todos nós usamos quando não sabemos para que mais apelar: *Não havia nada que você pudesse fazer.* Pois é, a não ser não deixar que isso acontecesse. Estou de volta e não tenho nem certeza do que estar de volta significa, e agora eu posso ter perdido a única coisa valiosa que trouxe do Iraque. *Não havia nada que você pudesse fazer*. Eu achava que aqui estivesse em casa, mas, na realidade, acaba que você não pode realmente voltar para casa. *Nada que você pudesse fazer*. Tirar Lava de lá foi a melhor e mais difícil tarefa que já consegui executar e, agora, lá fui eu ferrar tudo de vez.

CAPÍTULO 1

Se você pode salvar seu cão, pode salvar a si mesmo

*"A guerra é uma coisa feia, mas não é a mais feia de todas as coisas.
O estado moral e o sentimento patriótico degradados e deteriorados
que acham que uma guerra nada vale são muito piores."*

— JOHN STUART MILL

"POR QUE UM CÃO?" OUVI MUITO ESTA PERGUNTA DEPOIS que meu primeiro livro, *De Bagdá, com muito amor*, foi publicado. Os repórteres queriam saber por que investi tanto tempo e energia para trazer um filhote de cachorro para os Estados Unidos em tempos de guerra com o Iraque. *E por que não?*, eu respondia sempre, mentalmente. *O que você fez pela guerra, além de criticar o governo e a própria guerra? Pelo menos, eu salvei alguma coisa daquele lugar.*

O cerne evidente dessa pergunta era que eu deveria gastar meu tempo concentrando-me em salvar algo maior — digamos, a vida das pessoas no Iraque. Não é que eu não tenha tentado, mas a guerra não se configura assim, em preto no branco. Além de tudo, Lava precisou de mim — precisou de todos nós que estivemos envolvidos em seu resgate —, e nunca hesitou em lembrar-me desse fato. Considere o seguinte: em certo nível, salvar a vida do meu cão salvou a mim — e a todos a quem ele comoveu — psicológica e emocionalmente, e continua a fazê-lo.

Eis Lava para você: meu pequeno filhote arrepiado, resgatado da morte certa numa guerra da qual ele não escolhera tomar parte, a Operação Liberdade do Iraque, e especialmente a batalha de Faluja, em novembro de 2004. Se o que você está prestes a ler soar similar, mas não exatamente igual a qualquer versão prévia da descoberta e do resgate de Lava, é porque não é exatamente a versão que você ouviu anteriormente. Você se lembra daquele jogo chamado telefone sem fio? Em que você conta algo para alguém e ele conta para a próxima pessoa e assim por diante, até que, finalmente, a história que sai do outro lado não tem mais nada a ver com a original. O tempo de guerra engendra esse fenômeno com bastante frequência porque, quando não estamos lutando ou treinando, estamos conversando, contando casos. E é mais ou menos isso que aconteceu quando a história do resgate de Lava começou a circular, não somente no Iraque, mas também nos Estados Unidos.

De Bagdá, com muito amor incluiu o que eu achava ser um relato correto da "missão de resgate canino" conforme me foi contada por um fuzileiro naval que me assegurou estar envolvido com a ação. Ele estivera com os Cães da Lava — Primeiro Batalhão, Terceiro Regimento de Fuzileiros Navais — no Iraque enquanto estavam ocupando uma casa que mais tarde se tornaria o posto de comando do batalhão em Faluja. De acordo com sua versão, eles ouviram um barulho que soava como um tique-taque e foram rastejando em sua direção, sem muita certeza do que esperar. Descobriram que era um filhote de cachorro abanando o rabo, num quarto vazio. Mas, então, recebi uma carta de Forrest Baker, ex-cabo dos fuzileiros navais americanos e também um Cão da Lava. Escreveu-me depois de ter lido meu livro e, veja só, dessa vez a história era apenas um

24

bocadinho diferente. Não fiquei surpreso, uma vez que nessa versão Lava desempenhava um papel muito mais ativo no seu resgate, ao tornar sua presença notada. Os fuzileiros não ouviram somente o barulho de uma cauda abanando; não, ouviram algo muito mais insistente, enquanto Lava forçava a barra para ser salvo com aquele latido insano, que é sua marca registrada.

Em poucas palavras: esse pequeno filhotinho, que de alguma maneira acabou ficando preso num tambor de 200 litros, estava no meio de um combate sob fogo, fazendo barulho não somente a ponto de ser ouvido, mas também a ponto de revelar a todos a posição das tropas. Forrest arriscou a vida para pegar o cachorro e, então, levou-o consigo para a segurança da casa que, por mais de um mês e meio, serviria de lar para eles. Inclusive para Lava, a despeito do fato de tratar-se de uma nítida violação do Regulamento Geral 1-A: atividades proibidas para os militares das Forças Armadas dos Estados Unidos presentes no Comando Central dos Estados Unidos (USCENTCOM) AOR, Título 10, Código dos Estados Unidos, Seção 164 (c), e o Código Uniforme da Justiça Militar (UCMJ), Título 10, Código dos Estados Unidos, Seções 801-940, que em algum lugar afirmava, em termos inequívocos, que "adotar como bicho de estimação ou mascote, cuidar de ou alimentar qualquer tipo de animal doméstico ou selvagem" era 100% proibido. Tipo: "Nada de bicho de estimação para você, soldado." Por quê? Porque "o elevado ritmo operacional combinado com tarefas frequentemente perigosas enfrentadas pelas forças americanas na região fazem com que seja prudente restringir certas atividades para manter a boa ordem e a disciplina e assegurar a prontidão". Seja como for, os Cães da Lava batizaram seu filhote e se apaixonaram por ele.

Caso você tenha esquecido, vou levá-lo de volta no tempo até novembro de 2004, quando isso aconteceu.

A guerra no Iraque é ainda relativamente nova e o público norte-americano ainda nutre esperanças de que aquilo que é taxado como uma guerra contra a al-Qaeda e a insurgência terrorista, bem como uma luta para criar um Iraque livre e democrático, pode ser ganho (diga-se de passagem que pode, mas ninguém no Pentágono está pedindo minha opinião). Os insurgentes estão impondo sua influência na cidade de Faluja, bastião das forças do mal no temido triângulo suni iraquiano. As Forças Armadas norte-americanas, principalmente fuzileiros navais e soldados, estão se preparando para invadir a cidade, considerada por muitos repórteres como sendo o lugar mais perigoso da Terra. De acordo com o general John Sattler, comandante da Primeira Força Expedicionária de Fuzileiros Navais, vamos tomar Faluja de assalto e livrá-la dos "matadores, assaltantes e assassinos" que a dominam e mantêm seu povo como refém.

Agora, imagine seu filho, irmão ou até marido de 19 anos de idade lutando por sua vida naquele que é o pior combate urbano que os fuzileiros navais vivenciaram desde a batalha da cidade de Hue, no Vietnã, mais de três décadas atrás. E aqui, no meio de toda essa carnificina — os corpos decapitados e os cadáveres inchados, apodrecidos e carbonizados daquilo que já foram seres humanos —, um grupo de garotos encontra uma massa peluda que estremece, no meio de um combate sob fogo intenso. Ela representa a esperança e a vida; é um lembrete de tudo o que é bom, de suas antigas vidas, da inocência perdida. Lava transforma-se na ligação com tudo o que já foi normal para os jovens combatentes. A guerra é, provavelmente, o estado mais anormal em que você pode se encontrar, e Lava vai aliviar essa dor para você todos os dias.

Ele é um cão vira-lata selvagem, misturado com alguma coisa de pastor. Uma carinha toda peluda, com olhos de guaxinim e uma cauda que nunca para de se mexer, mesmo enquanto devora os petiscos que você tira de sua própria refeição para alimentá-lo. Semicerre os olhos suficientemente e ele se parece exatamente com o cachorro que você deixou em casa, o cão que aguarda seu regresso. Em suma, quando nós o encontramos, Lava era um minúsculo feixe de nervos e bravata. Quente, cabia facilmente no colo, era agradecido por cada pequeno gesto de amor que recebia e ávido para retribuí-lo.

Em caso de esgotamento nervoso, basta acariciá-lo ou jogar um pedaço de pau e vê-lo correr atrás. Naqueles preciosos e raros momentos de "filhotice" (Essa palavra existe? Agora existe) pura e ilimitada, de repente você é removido do ambiente que o circunda, como se você fosse o Capitão Kirk ou Dr. Spock e tivesse sido içado a bordo da *Enterprise* apenas alguns segundos antes de virar poeira do espaço, porque um Klingon acabou de pulverizar sua alma mortal com sua arma a laser.

Estar com Lava pode levar você àquele lugar seguro de sua infância. Imagine esta cena: seu filhote, esquecido de tudo, exceto de seus gritos de deleite, persegue você, mordiscando seus calcanhares quando consegue não tropeçar sobre suas próprias patas enormemente desproporcionais que, ainda assim, o impulsionam atrás de você, numa brincadeira incansável de pegar ou ser pego. Lava recorda aos fuzileiros navais que há uma razão para viver — para se manterem vivos —, mesmo que seja apenas por mais alguns poucos minutos num dia interminável, repleto dos pesadelos da guerra.

Pergunto-lhes o que querem fazer com o cachorro, o que acham que vai acontecer. Argumento (como se precisassem ouvir este papo furado novamente, de outro oficial irritadiço) que ficar com ele vai contra o regulamento e que eles não deveriam apegar-se demasiadamente a esse pequeno desordeiro porque muito provavelmente não vai ficar vivo por muito tempo. Como é que me atrevo a expressar tal blasfêmia na presença desses garotos que, não tanto tempo atrás, ainda eram inocentes? Como é que eu posso evitar isso? Esses garotos precisam de uma dose de realismo e eu certamente vou ser aquele que os fará cair na real.

Esses jovens cães endiabrados dizem-me — dando prova de completa sinceridade e total ingenuidade — que querem que Lava vá para casa com eles. Ele viverá no Havaí pelo resto de seus dias, caçando tartarugas e lagartos ou qualquer animal que perambule por aquelas ilhas vulcânicas que chamamos de paraíso. Querem que ele navegue nos navios da Marinha americana até Okinawa e, dali, voe com eles até sua base de Kaneohe Bay. *Vocês estão de sacanagem comigo!* A chance disso acontecer é mais ou menos a mesma que temos de realmente ganharmos a guerra no Iraque da maneira como foi planejada pelo ex-secretário da Defesa Donald Rumsfeld e pelo ex-comandante do CENTCOM Tommy Franks. Porém, tudo o que digo é "Ok" e me retiro dali.

Quem sou eu para ser desmancha-prazeres? É realmente meu trabalho estragar seus sonhos de Lava viver num nirvana canino? É cinismo demais? Prefiro ser chamado de realista. Cães não são animais de estimação no Iraque. Não são adotados e cuidados e postos para dormir em confortáveis almofadas para cachorros. São usados para proteger a propriedade e pastorear rebanhos. Não dormem na cama com as crianças ou se enrolam no chão aos seus pés enquanto você toma uma cerveja e assiste a um programa esportivo na tevê. Em Faluja, no fim, eles sobrevivem comendo os restos dos mortos, para serem mortos a tiros por nós quando supostamente se tornam uma ameaça à nossa segurança — uma ameaça porque começaremos a nos importar, a voltar a ter sentimentos, a ficar apegados a alguma coisa viva que possa comprometer nossa capacidade de funcionar como os eficientes caçadores e matadores de terroristas a sangue frio que fomos todos treinados para nos tornarmos. Que *de fato* nos tornamos.

Pois é. Acordo numa manhã e descubro que meus pés não tocam o fundo do meu saco de dormir. Que raios está acontecendo? Ouvi as histórias e vi as fotos supostamente não retocadas de aranhas camelo de aspecto repugnante, e convenço-me imediatamente de que meus superiores — que se cansaram de me mandar cortar o cabelo e fazer a barba — finalmente encontraram um jeito de livrar-se de mim sem deixar evidência. Imagine só: morto por uma aranha camelo. Não poderiam planejar algo melhor. Então, a coisa se mexe. Mexe mais um pouco e, então, começa a rastejar para cima, em direção ao meu rosto. Fico imóvel e não respiro. Talvez, se eu agir como se estivesse morto, ela não vai se dar ao trabalho de me matar novamente. *Merda, aí vem ela.* Está quase no meu rosto. Vou morrer aqui mesmo, num saco de dormir em Faluja. Que situação indigna! O quê, não posso ir embora num ataque de morteiro ou por um tiro de franco-atirador como um fuzileiro naval de verdade?

Enquanto fico deitado ali, pensando em todas as coisas que eu devia ter feito na vida e nas poucas que não deveria ter feito, percebo que a criatura acabou de chegar à superfície do meu saco de dormir e agora está... me lambendo? O quê? Parece que, no meio da noite, Lava encontrou um jeito de rastejar para dentro do meu saco, ao procurar um lugar quente para dormir. Deixo que qualquer um de vocês tente adivinhar como ele sobreviveu aos vapores tóxicos que tanto ele quanto eu produzimos por causa dos MREs ("Meal, Ready-to-Eat", isto é, refeição pronta para consumo): uma ração completa embalada num pacote flexível, que são as únicas coisas existentes no cardápio daqui — além da carne-seca que eu como de tão bom grado. Mas, naquele momento, percebo com plena clareza o que eu preciso fazer: *Salvar Lava!* Como Forrest Gump que corre de volta para dentro da selva no Vietnã para salvar Bubba, sou atingido pela clareza de propósito e da missão que precisa ser realizada. *Deve* ser realizada. Não apenas para os fuzileiros navais, não apenas para mim, não apenas para

Lava. E não porque isso vai me fazer sentir bem comigo mesmo. Tenho de salvá-lo porque é a coisa certa a ser feita.

Mais tarde, naquele mesmo dia, converso com os fuzileiros que haviam sido os principais protetores de Lava. Digo-lhes que cheguei a uma decisão sobre Lava e o que deveríamos fazer com ele. Eles reiteram seu desejo de levá-lo para o Havaí, mas eu explico a impossibilidade disso. Na melhor das hipóteses, será difícil ocultar a presença de um cão num navio do Kuwait até Okinawa; e tampouco será exatamente um passageiro bem-vindo no voo de Okinawa até o Havaí (Será que ele vai sentar no colo do comandante?); e o Havaí, antes que alguém esqueça, possui um dos mais rígidos regulamentos de quarentena para animais no mundo. Sem mencionar o seguinte: como explicar para a alfândega americana a presença de um animal não vacinado e sem documentos quando aterrissar em Kaneohe Bay? Então, desculpe senhor oficial da Alfândega, mas nós simplesmente tivemos de salvar esse cachorro do Iraque e agora ele tornou-se nosso mascote oficial e, portanto, você não pode confiscá-lo nem sacrificá-lo. *Até parece*. Por isso, aqui está nosso plano, pessoal.

E nesse momento formulo a promessa mais importante que já fiz até o dia de hoje para qualquer pessoa em minha vida. Prometo aos fuzileiros que vou encontrar um lar para Lava nos Estados Unidos. Em que ele possa brincar no parque — sem que insurgentes atirem contra ele, onde artefatos explosivos improvisados não sejam um meio de vida e onde os cães não precisem sobreviver dos cadáveres de combatentes inimigos. Não tenho a menor ideia de como vou fazer isso, mas acabei de dar minha palavra a um bando de jovens garotos — os filhos de vocês. E por nada volto atrás.

Vejam, enquanto oficial dos fuzileiros navais, sua palavra é seu compromisso. Nunca se pede a um fuzileiro para fazer algo que você não esteja disposto a fazer ou que você mesmo já não tenha feito centenas de vezes; você os lidera e sempre mantém sua palavra. (Vocês, coronéis — sabem de quem falo —, que se preocupam mais em conseguir aquela estrela no seu colarinho do que em cuidar dos seus fuzileiros navais, estão me ouvindo?) Se eu não puder fazer algo tão simples para esta unidade, como posso esperar que eles me sigam em combate? Como posso pedir-lhes para que me sigam e entrem porta adentro em uma casa suspeita de ser um esconderijo de insurgentes? Resposta: não posso. Tenho de manter minha promessa ou minha credibilidade será completamente perdida. Por esta razão, bem como por tantas outras, meu compromisso era o de salvar Lava.

Ele pode ser um cão e não uma pessoa, mas, da maneira que lhe é própria, Lava salvou a mim e aos meus companheiros fuzileiros de uma forma mais completa que qualquer ser humano teria sido capaz de fazer naqueles dias sombrios. Em muitos dias, ele continua a me salvar de mim mesmo. Por isto, sim, eu o trouxe de volta. *Uuhuu!*

ainda mais para dentro, esquivando-se do meu toque. Para alcançá-lo, tive de largar meu rifle (algo que fomos treinados para não fazer em hipótese alguma), penetrar no tambor rastejando e apanhá-lo com as duas mãos. Levantei-me e corri o mais rapidamente possível os 50 metros que me separavam do pátio, com o rifle pendurado pela alça de três pontos. Nunca havia estado tão exposto ao perigo em toda a minha vida, mas, felizmente, nenhum tiro foi disparado.

Ele era tão miúdo que cabia na palma de uma mão. Provavelmente, estava começando a ser desmamado e sentia falta da mãe, que não foi vista em parte alguma. Com seu pelo branco, cinza e preto, parecia que tinha acabado de ser chamuscado, o que deu ao sargento Julius Hawkins a ideia de chamá-lo Lava.

Enquanto éramos um elemento do comando avançado, sob a responsabilidade do tenente-coronel Ramos, aliás "Coronel Rambos", nossa carga de operações era pesada, mas durante as 38 noites que passamos em Faluja tivemos algumas oportunidades de brincar com essa coisinha e vê-lo crescer, exatamente como se fosse um dos nossos lá em casa. Ele me lembrava tanto do meu cão Shasta que, de certa forma, me levava de volta aos Estados Unidos, a milhares de quilômetros de distância, ainda que fosse somente por alguns momentos, até que o som de tiros me trouxesse bruscamente de volta para a realidade.

Quando finalmente deixamos a cidade e retornamos a Camp Owens para dormir em nossos próprios catres, fiquei tão aliviado de sair dali que esqueci de me certificar que Lava teria um lugar para ficar. Mas nem fiquei muito preocupado. Durante aquele longo mês sangrento, ele certamente tornara-se o membro mais popular de nossa companhia e eu sabia que alguém tinha de encontrar um bom lar para ele. Porém, nunca imaginei que ele conseguiria chegar até aqui. Para mim, ler seu livro simplesmente não foi o suficiente. Eu precisava vê-lo vivo e bem, com meus próprios olhos. Obrigado por ter me deixado ir até San Diego para encontrar-me com ele. Ainda tenho dificuldade em acreditar que fui o primeiro a resgatar a única coisa boa que veio daquele lugar infernal. Pois é, e você também caprichou.

Semper fi,*

Forrest Baker

---

* *Semper fi* é abreviação do latim, *semper fidelis*, sempre fiel, que é o lema do Corpo de Fuzileiros Navais dos Estados Unidos. (*N. da T.*)

CAPÍTULO 2

Você tem de quase perder algo (duas vezes) para encontrá-lo

"A grandeza de uma nação e seu progresso moral podem ser avaliados pela maneira como seus animais são tratados."

— MAHATMA GANDHI

EU TROUXE LAVA PARA CÁ APESAR DE TODAS AS CONTRARIEDADES. Pense em todos os militares tentando trazer para casa cães adotados — muitos deles escreveram-me cartas descrevendo seus fiéis escudeiros dos tempos de guerra, e, inclusive, a Humane Society está fazendo uma campanha para fazer o departamento da Defesa mudar seu regulamento a esse respeito. O manifesto se deu em forma de carta, enviada ao então secretário da Defesa Donald Rumsfeld em nome de seus membros. O texto sintetiza a questão perfeitamente:

Como V.Sa. sabe, o Regulamento Geral 1-A proíbe condutas que comprometam o caráter e a moral.

Consideramos que seja irônico que o RG1-A inclua a proibição de manter mascotes e bichos de estimação, porque a relação entre humanos e animais não compromete o caráter ou a moral; pelo contrário, fortalece-os. Do nosso ponto de vista, é a política de confiscar e tirar a vida dos mascotes das unidades e de animais resgatados que se tornaram de estimação — por meio da eutanásia ou valendo-se de armas de fogo — que pode minar o espírito de nossos homens e mulheres combatentes. Acabar com a vida desses animais trai o instinto humano dos militares que os resgataram.

Ao mesmo tempo em que concordo que os soldados têm o dever principal de ficar centrados nas missões em zonas de guerra, gostaria de salientar que nossos soldados estabelecem vínculos com os animais que resgataram e ganham conforto com sua presença (...) Ademais, existe uma sólida relação entre o padrão de cuidados compassivos para com animais e o desenvolvimento de uma sociedade civilizada. Os bons instintos de nossos soldados podem servir a um propósito mais amplo, consistente com nosso compromisso nacional com a construção de sistemas de governo saudáveis, democráticos e humanos.[1]

Não houve resposta.

Contudo, eu nunca fui repreendido pelos meus superiores e nenhum dos matadores de cães contratados tocou em Lava, portanto, de todos os modos, considero-me sortudo. Depois, há o fato de que Lava e eu conseguimos permanecer vivos e saudáveis, com todos os nossos membros e órgãos funcionando. Isso é muito mais do que se pode dizer a respeito de muitos dos meus companheiros fuzileiros navais e inúmeros soldados. Porém, o atropelamento de Lava por aquele Land Rover me desconcertou ainda mais que a pura esquisitice de estar de volta à vida civil.

Toda a minha certeza e confiança foram por água abaixo. Quando o acidente aconteceu, tudo o que pude fazer foi me repreender severamente, de forma tão dura e implacável quanto eu costumava fazer com os soldados iraquianos que eu havia sido enviado para treinar. "Como é que eu pude ser tão descuidado, tão estúpido?", eu resmungava sem parar no hospital veterinário, naquela zona de irrealidade. De alguma maneira, o abuso verbal fazia-me sentir melhor. Regressar à escola de candidatos a oficial, talvez? Queria que meu corpo e minha alma fossem novamente espezinhados, esvaziados. Que qualquer noção de humanidade fosse removida de mim novamente. Seria um alívio. Afinal, essa era minha zona de conforto.

Se eu não fosse suficientemente velho para saber que não ia adiantar — e eu nunca fora um bobalhão —, teria me lançado em direção ao vidro de uma janela, para poder sentir a dor física de Lava, pelo menos num certo grau. Como se isso pudesse tirar só um pouquinho da dor dele e transferi-la para mim. Por que eu não podia voltar no tempo? Por que eu não podia alterar os acontecimentos de tal maneira que meu passeio com Lava naquele exato momento não coincidisse com uma motorista distraída descendo a rua em alta velocidade? Será que eu poderia descobrir uma forma de poder voltar — como quando o Super-Homem inverte a rotação da Terra — e impedir a confluência do caminho de Lava e de uma dessas socialites indo almoçar sabe-se Deus onde naquela velocidade insensata?

Sobrevivi a umas situações de merda, realmente terríveis, numa cidade toda bombardeada, a meio mundo de distância daqui. Agora, você está me dizendo que uma socialite, dirigindo um utilitário desportivo potente, vai me colocar para escanteio, a mim, um tenente-coronel do Corpo de Fuzileiros Navais dos Estados Unidos? Será que alguém pode me ajudar, por favor? Por favor?

Suponho que o mundo moderno da medicina veio em meu auxílio, como sempre ocorre àqueles que podem pagar por isso. Lava sobreviveu, mas não saiu barato. Depois de numerosos procedimentos cirúrgicos para limpar e costurar seu ferimento na perna, Lava recuperou-se plenamente — ao custo de aproximadamente 8 mil dólares. Sei que está pensando que foi bem feito para mim, e provavelmente foi. Na verdade, a questão não é o dinheiro, você sabe. Eu teria gastado com prazer até o meu último centavo caso fosse necessário para salvar Lava. É a sensação de impotência que arranca o coração do peito e o dilacera como se usasse estacas de bandeirinhas de golfe — as antigas de metal, não as novas, moldadas em plástico —, fazendo-o lembrar de que você é um ser humano inútil. Naqueles primeiros dias de incerteza (ou talvez devesse dizer, na segunda ou terceira leva dos primeiros dias), no que diz respeito a quase perder Lava, prometi a mim mesmo que ele nunca mais voltaria a sentir dor.

No mínimo, prometi que estaria sempre por perto para cuidar dele e salvá-lo de si mesmo e de minha estupidez. Era só eu me ligar nisso.

∾

Honestamente, não posso fornecer detalhes dos primeiros momentos de Lava na Califórnia. Recordo-me de não conseguir olhá-lo nos olhos porque eu sabia que desabaria. Mas também me lembro que não podia *não* olhá-lo nos olhos, porque Lava, bem, Lava não permite que eu o ignore, ou que eu ignore o que ele significa para mim. O Centro Helen Woodward para Animais ajudou-me a trazê-lo de volta, e um treinador de lá, chamado Graham Bloem, auxiliou com o que chamam de "alguma coisa de entrada" checando do seu coração, pressão arterial, temperatura e tudo mais.

Aparentemente, era bastante difícil segurar Lava quieto para os exames. Graham tem trabalhado bastante com Lava desde então e me disse, mais de uma vez, que definitivamente Lava me reconheceu.

— Pude ver como ele olhou você: Lava sabia. Foi uma experiência e tanto estar ali.

Eu estava passando por uma fase de grande tumulto em minha vida pessoal quando finalmente Lava chegou, e ter meu cão de volta nos meus braços era a melhor sensação desde que eu havia regressado. Voltei a sentir isso depois do acidente. Quando o peguei, depois de ele ter sido atropelado, soube que eu era importante para ele. Lava aceitou minha emoção — amor, cuidado, ou o que você quiser chamá-la — e refletiu-a de volta para mim, como se eu fosse uma boa pessoa, como se eu merecesse ser amado. Sem isso, acho que eu teria enlouquecido aqui tanto quanto enlouquecera em Balad ou al Walid, ou em qualquer outro lugar em que eu estive no Iraque, com exceção de Faluja e Bagdá, onde o fato de não ter controle sobre o destino de Lava me torturava muito mais porque eu estava fisicamente distante do meu bichinho.

Lava me perdoava sempre. Lembro quando eu ia visitá-lo no hospital e o levava lá fora para brincar, mesmo coxeando em três patas, com a quarta enfiada dentro de um gesso, ele era só alegria ao me ver. Nunca me pareceu que o pensamento *Olhe o que você fez comigo* sequer tenha lhe passado pela cabeça. Não havia nada de revanchismo, choque ou raiva que se esperaria numa pessoa. Era apenas pura alegria.

Os cães são conhecidos por agirem assim. As pessoas chamam isso de amor incondicional, embora eu não tenha certeza de que utilizaria essa expressão. Nunca fui aquilo que você qualificaria de uma pessoa apaixonada por cães. Não cresci com cachorros. Não fico todo me derretendo quando vejo algum. Sequer gostei muito de Lava quando o conheci, além de pensar que ele sabia que eu não me sentia seguro com ele, e ele ficou o tempo inteiro me lançando aqueles olhares de *Eu tô te manjando*, até que me abaixei e dei um empurrão nele. Ele não desistiu de mim. *Incondicional* não soa bem, porém. Está mais para o fato de que ele confiava que eu fosse fazer o que era certo, de uma maneira que eu jamais havia sentido antes. Sua confiança em mim me deu um tipo de força diferente, que eu jamais tivera. Era uma sensação da qual eu precisava desesperadamente naquele tempo. Supostamente, eu devia estar inspirando o mesmo tipo de confiança nas tropas iraquianas que eu estava treinando, e as coisas não estavam indo tão bem. Não havia confiança mútua ou pontos de vista compartilhados.

Em 2004, não parecia haver o nível de investimento emocional ou nacionalista, por parte dos militares iraquianos, que se esperaria ver num povo que queria viver numa sociedade livre, democrática e segura. Gostaria de pensar que isso parece estar mudando, lenta porém seguramente, mas não tenho certeza. Com Lava, o compromisso nunca oscilou. Ele estava plenamente concentrado em seu resgate e transferência para uma sociedade livre, democrática e segura — o sul da Califórnia.

Lava impressionou-me com seu ímpeto. Jamais se encolhia num canto. Neste aspecto, ele é como um fuzileiro naval. O Corpo de Fuzileiros Navais tem servido em todos os conflitos armados norte-americanos desde a Guerra Revolucionária — e, normalmente, somos os primeiros a entrar. Lava também tem a parte da lealdade. Nosso lema é *Semper fidelis*, frequentemente abreviado para *Semper fi*. Isso, em latim, quer dizer "sempre fiel", e deve significar a dedicação e a lealdade que os fuzileiros navais nutrem pela Corporação e pelo País, mesmo depois de terminar o serviço. Lava tem isso em potência elevada. Se ele tivesse sido capturado, teria seguido o Código de Conduta sem pestanejar. Aprender o código de cor fazia parte dos exercícios na Escola de Candidatos a Oficial — e, posteriormente, na Escola SERE (de Survival, Evasion, Resistance and Escape — Sobrevivência, Evasão, Resistência e Fuga) —, e nenhum fuzileiro jamais o esquece.

Artigo I — Sou um norte-americano, combatendo nas Forças Armadas que guardam meu país e minha cultura. Estou preparado para dar a vida em sua defesa.

Artigo II — Jamais me entregarei de livre e espontânea vontade. Caso eu esteja no comando, jamais renderei os membros do meu comando enquanto ainda tiverem os meios de resistir.

Artigo III — Caso seja capturado, continuarei a resistir por todos os meios disponíveis. Farei todo esforço possível para fugir e ajudar outros a fugir. Não aceitarei nem livramento condicional nem favores especiais do inimigo.

Artigo IV — Caso me torne prisioneiro de guerra, manter-me-ei leal aos meus companheiros prisioneiros. Não fornecerei nenhuma informação nem tomarei parte em qualquer ação que possa ser prejudicial aos meus companheiros. Caso seja mais velho, assumirei o comando. Caso contrário, obedecerei às ordens legais daqueles designados superiores e os apoiarei de todas as maneiras.

Artigo V — Quando interrogado, caso tenha me tornado prisioneiro de guerra, deverei fornecer nome, patente, serviço, número e data de nascimento. Esquivar-me-ei no máximo grau de minha capacidade de responder a ulteriores perguntas. Não darei declarações escritas ou orais que sejam desleais ao meu país e seus aliados ou que prejudiquem sua causa.

Artigo VI — Jamais esquecerei que sou um norte-americano, responsável por minhas ações e dedicado aos princípios que tornam meu país livre. Confiarei em meu Deus e nos Estados Unidos da América.[2]

Lava protegeria a mim e minha família até a morte. No Iraque, ele agia do mesmo modo comigo e com todos os que ajudavam a tomar conta dele. Contudo, não se deixe enganar. Nem tudo foi um mar de rosas. Ter um cachorro é como ter uma criança com eternamente 2 anos de idade. Lava quer fazer tudo, mas não tem noção do perigo de suas ações.

Eu deveria ter percebido isso desde o começo, logo quando começamos a dar-lhe uma nova vida. Removemos seus vermes e suas pulgas com querosene e tabaco de mascar (não creio que esses sejam métodos aceitos entre as organizações veterinárias, mas pareceram funcionar). Demos-lhe comida, abrigo e um lugar quente e seco para dormir.

Sem nós, o destino teria lhe dado uma sentença de morte, mais cedo do que mais tarde. Talvez aquele tambor de 200 litros que ele chamou primeiramente de lar pudesse ter sido explodido por fogo amigo. Ele poderia ter sido utilizado como um IED (artefato explosivo improvisado) de quatro patas — os obuses de 155 mm detonados remotamente que os insurgentes plantam em postes de luz, passarelas, corrimãos, animais e quaisquer outros locais em que eles possam ser escondidos para maximizar o prejuízo indiscriminado e mortífero —, com a intenção de livrar o país das forças invasoras de Satã (que seríamos nós, os Estados Unidos e as forças da coalizão no Iraque). E caso não tivesse sido usado como bucha de canhão pelos insurgentes, talvez tivesse morrido de fome. Ou tivesse sido morto de várias outras maneiras: um morteiro rastreador, uma bala de um exterminador contratado pelo departamento da Defesa ou até de um oficial, conforme me foi descrito numa das muitas cartas que recebi desde que escrevi *De Bagdá, com muito amor*; afogado por um marinheiro, soldado ou fuzileiro naval demasiadamente zeloso em seguir os regulamentos; ou sendo esmagado sob a esteira de um tanque Abrams M1A1. Agora eu tenho de acrescentar à lista: possível morte por um Land Rover.

Aquela experiência me trouxe de volta à vida. E quando ouvi a boa notícia de que Lava viveria e correria de novo, tive a nítida sensação de que os céus tivessem se aberto e enviado um mensageiro revestido de luz dourada: Lava incorporava as lições mais importantes que ele me ensinara. Que eu ainda tinha a capacidade de amar. Que o amor me encontraria. Que a vida vale a pena.

Prezado coronel Kopelman,

Comprei o seu livro e voltei para casa correndo para desenterrar antigas lembranças. Lembranças da Coreia de 1953 e 1954. Havia cães gentis e carinhosos andando por lá.

Tivemos um bom número de cães de guerra: Donut (o mais velho) foi batizado pelo rolo de arame farpado que usávamos tanto. Dammit [que diabos, em inglês] (o do meio) foi nomeado assim para que pudéssemos safar-nos com blasfêmias sem ofender o capelão. T.L. (o mais novo) foi chamado pela ferramenta que o pessoal usava.

Depois do rango, costumávamos sair com nossos pratos de lata para certificar-nos de que as sobras fossem para eles.

Nenhum tinha coleira e, durante o dia, quando estávamos ocupados, eles ficavam andando por aí, alguns deles em lugares perigosos. Alguns tiveram problemas com minas terrestres.

Eu não tinha muito sobre o que escrever e, então, contava sobre Dammit para a minha família quando escrevia para casa. Minha mãe e minha irmã costumavam mandar encomendas para ele. No Natal, chegaram caixas cheias de ossos para cachorros — talvez lá no meio da caixa também tivesse uma barra de chocolate para mim.

Tive de deixar os cães para trás quando fui transferido para casa, mas eles tinham muitos admiradores.

Thomas Roche
Cabo, Primeira Divisão dos Fuzileiros Navais

CAPÍTULO 3

Óculos da cor do deserto

"Os dias e as semanas depois de seu regresso do serviço além-mar serão uma transição. Nesse período, os militares, frequentemente, descrevem um leque de emoções que vão da excitação e alívio a estresse, tensão ou preocupação (...) Você também pode sentir-se distante, desinteressado ou demasiadamente crítico e impaciente com os outros. Esses tipos de comportamentos e sensações são reações normais ao estresse de combate."

— CENTRO NACIONAL PARA TEPT*

UM DIA, POUCO TEMPO DEPOIS QUE FUI DESMOBILIZADO ("voltei para casa", na linguagem civil), em abril de 2005, provavelmente mais ou menos na época em que Lava foi atropelado pelo Land Rover, me dei conta que nada mais parecia familiar. A cidade na qual eu vivera por quase 12 anos, as pessoas com as quais eu havia andado, a mulher que eu havia amado, tudo que outrora eu havia conhecido tão bem tinha... desaparecido. Não há outra maneira de descrever isso. Você acha que a vida em casa permanece parada enquanto está em combate. Que todo mundo fica esperando você e seus companheiros fuzileiros navais voltarem e retomarem

_____
* Transtorno de estresse pós-traumático. (*N. da E.*)

49

as coisas do ponto em que as deixaram. Nem pensar. A vida continua — as pessoas vão ao shopping, ao trabalho, bebês nascem e parentes e amigos morrem. O ciclo continua e, às vezes, você se pergunta: para quê isso tudo? Toda essa luta e mortandade, quando o pessoal de casa simplesmente continua a levar a vida de todos os dias como se nada estivesse acontecendo. Como se os ataques de 11 de Setembro nunca tivessem acontecido. Os dias de Natal e de Ação de Graças vêm e passam, você perdeu o nascimento de outro sobrinho, comemora seu próprio aniversário num país estranho sem amigos e sem parentes pelo que parece ser o enésimo ano consecutivo. Como é que as pessoas podem não dar valor à sua liberdade?

Ouço as pessoas comentarem que, de certa forma, "precisávamos" do 11 de Setembro, que serviu como um sinal para despertar nosso país. Simplesmente não compreendo como isso aconteceu. Um sinal para despertar de quê? Quais são as ações que a maior parte dos americanos adotou, até como sinal de indignação com os responsáveis pelo 11 de Setembro? Deixaram de dirigir seus utilitários esportivos que bebem combustível e são inteiramente dependentes do petróleo saudita? Afinal, os sauditas — começando por Osama bin Laden — estavam no centro dos ataques naquela fatídica manhã de terça-feira. Mas tudo o que aconteceu aqui foram denúncias e debates acusatórios. Eu sei que as pessoas estão amedrontadas, mas elas não parecem estar fazendo nada a esse respeito — a não ser se queixarem quando são retidas no aeroporto para os controles de segurança.

Voltando do hospital veterinário para casa, procurei em vão por marcos de referência. Estivera no serviço militar — tanto na Marinha quando no Corpo de Fuzileiros Navais — pela maior parte de minha vida adulta (por quase vinte anos, naquela altura), e eu havia sido mobilizado e até tinha estado no Iraque antes, no início da guerra ao terror, em março de

2003. Mas havia algo de diferente nessa rodada dessa guerra e o meu retorno dela.

Lava tinha vindo para viver comigo e, portanto, num determinado nível, eu podia estar vendo as coisas através de seu olhar. Para ele, os quintais chiques de La Jolla, na Califórnia, estavam tão repletos de perigos e incertezas quanto aqueles campos de escombros em Faluja. Isso vai soar esquisito, mas quando ele ficava enlouquecido pelo som de um caminhão da UPS descendo pela nossa rua, ou uivava o mais alto possível quando alguém, qualquer pessoa, chegava perto da porta, ou até quando ele — veja bem — dava uma mijada no cobertor de piquenique de um casal gentil sem nenhum motivo aparente... eu sabia o que ele estava sentindo. Eu sentia a mesma coisa. Nós estávamos de volta, contudo, não tínhamos clareza de onde tínhamos chegado.

Não obstante, se você me perguntasse como eu estava, eu teria dito que estava ótimo. Sim, tudo bem. Havia feito meu trabalho, não me arrependia de nada (não me arrependo até hoje, diga-se de passagem), e estava partindo para outra. Havia servido ao meu país. Tinha até conseguido trazer meu melhor amigo para casa. Conforme minha mãe sempre diz: "Quando Jay se propõe a fazer alguma coisa, ele vai lá e faz." Mas ela não acreditava em mim quando eu lhe dizia que estava bem. Melhor que bem. Eu não precisava falar sobre a guerra ou sobre aquilo que vira. Na realidade, estava tão calado sobre tudo que minha mãe achou que, com certeza, eu devia estar trabalhando para a CIA. Lava estivera lá, e quando ele e eu nos juntávamos, podíamos simplesmente deixar-nos ficar aí, sem pensar. Nada de olhares inquisidores, nada de sobrancelhas franzidas, nada de acenos de cabeça.

Dito de uma maneira simples: eu só queria ficar sozinho com meu cão. Queria ver a felicidade em seus olhos quando o levava para correr. Ele tem um jeito de trotar mantendo a cabeça erguida, o rabo enrolado sobre o corpo e as orelhas para trás, como se estivesse orgulhoso de mim e de estar comigo. Mas também 100 por cento pronto para dilacerar qualquer pessoa que não concorde que seu dono é o cara mais maneiro e fodão de todo o parque. Eu queria fazê-lo rir fazendo palhaçada. Você sabe, Charles Darwin observou que os humanos e os animais têm reações físicas similares diante das emoções. Assim, quando eu ria alto de Lava, sabia que ele estava fazendo o mesmo para mim. (Ele também podia tremer de medo e raiva.) Brincávamos de modo bruto, e Lava rosnava e me segurava até que, inevitavelmente, eu me entregava. O cão é inexorável em energia. Conhecer Lava é amá-lo — ou detestá-lo —, dependendo do humor dele e de seu próprio estado de espírito quanto a ter suas pernas atacadas ou seu pé roído. De qualquer forma, no entanto, ele inspira sentimentos fortes.

E, diga-se de passagem, meus sentimentos naqueles primeiros meses depois de meu regresso eram bastante maléficos.

Esforcei-me ao máximo para culpar outras pessoas pela minha raiva. Eu estava chateado e não hesitava em fazer com que todos soubessem disso. Eles nem haviam mexido suas bundas gordas enquanto eu me esquivava de balas ou convivia com cadáveres nas ruas. E, agora, quando estava de volta, eles tinham a audácia de questionar minha decisão de ter trazido Lava comigo. Havia pessoas que realmente questionavam minha capacidade enquanto oficial e fuzileiro naval. Não tenho dúvida de que são os mesmos babacas que ficam sentados por aí bebendo cerveja barata e assistindo a programas de *reality show* na tevê. Pelo menos, esse é o estereótipo. Ironicamente, os tipos liberais antiguerra que bebem vinho (e assistem *Sob a névoa da guerra* em vez de serem ávidos fãs de *Cops*) também tendiam a interpretar mal a mim e a minhas ações. Talvez eles não conseguissem compreender esse nível de dedicação ou compromisso com alguma coisa — ou alguém — para além de si mesmos.

Depois que o *CBS Evening News* colocou no ar uma reportagem sobre mim e Lava, as pessoas que não tinham nada melhor para fazer (por que outro motivo se importariam?) mandaram comentários para um blog da rede CBS, algumas delas exigindo meu regresso para o serviço ativo para que eu pudesse enfrentar a corte marcial pelo meu crime: violar um regulamento bem-intencionado, porém, em última análise, equivocado. Afirmaram que eu era uma desgraça para a corporação e para o país. Isso doeu, especialmente à luz das dispensas do Vietnã de Dick Cheney — e de outros. Cheney era o maioral no governo e ninguém questionava sua autoridade. A CBS retirou todos os comentários críticos de seu website, o que eu acho que é uma vergonha. A insanidade deveria estar lá para que todos pudessem vê-la.

De um usuário do YouTube (o que acho que serve para provar alguma coisa): "Vcs realmente precisam de terapia... centenas de pessoas inocentes morrem todos os dias no Iraque e vcs estão preocupados com uma merda de um CACHORRO??? Vcs é que são uns cachorros doentes por terem passado tanto tempo numa guerra que é uma desgraça para os direitos humanos!!!"

Também fui objeto de alguns ataques pessoais em resenhas de livros online. Não críticas ao meu livro, mas ataques pessoais. Vários leitores sugeriram que toda a história de encontrar e resgatar Lava era arranjada. Tipo, *inventada*.

Observem este trecho de análise literária brilhante: "Cheguei à conclusão de que não havia nenhum cão, e que o cachorro meio que representa o conceito da esperança que depois dos Estados Unidos saírem do Iraque o povo iraquiano possa viver em paz, e que o tenente-coronel era um salvador, e estava tentando dar esperanças ao povo iraquiano. É um tipo de metáfora." Genial, você não acha?

Fui acusado de muitas coisas, tais como passar seis meses brincando com um cão na areia. Diga-me: quantos desses críticos estavam lá, quando aqueles filhos da mãe fedorentos que estávamos combatendo atiravam em mim e tentavam me explodir? O quê? *Não consigo ouvi-lo!* Ah, é bem isso que eu estava pensando.

Nós, fuzileiros navais, não estamos nos lamuriando sobre o nosso trabalho. É o trabalho mais importante que existe. Protegemos nosso país. Protegemos as vítimas da injustiça social. E, acima de tudo, protegemos uns aos outros. Assim, quando uma mulher bem vestida olha para mim com piedade numa festa, tudo o que posso fazer é não lançar mão do meu Jack Nicholson interior — lembra dele como um coronel dos fuzileiros navais em *Questão de honra*? — e lembrá-la de que eu faço a proteção que ela e suas amigas têm medo de fazer. Que, para mim, a honra e a lealdade são muito mais que apenas palavras, são um modo de vida que eu estou disposto a defender com minha própria vida. Não estou sozinho nesta — desde os tempos antigos de Ulisses, os guerreiros têm de lidar com civis que simplesmente não compreendem o combate, que não se dão conta do que acontece no dia a dia de um soldado na guerra. Então, retornamos e descobrimos que se espera de nós que achemos que ouvir um vizinho se queixar sobre nossa grama não aparada realmente vale um minuto do nosso tempo.

∾

Como é que isso se encaixa com a percepção de que eu estou de volta? Não estou embarcando de novo como fiz tantas vezes antes. Estou aqui para ficar e, dando uma olhada em algumas das más notícias que chovem sobre nós, tropas de regresso, eu realmente poderia estar encrencado.

Gostaria de pôr a culpa no treinador titular da academia de ginástica, ou no balconista da Starbucks cheio de marra, mas provavelmente também preciso levar em consideração os seguintes fatos: soldados e fuzileiros navais que retornam do Iraque e do Afeganistão são mais propensos a abusar de álcool e drogas, a se divorciarem e a cometer suicídio do que a média das pessoas. Funcionários do setor de saúde para militares relatam a ocorrência de um leque de problemas psicológicos e uma força-tarefa do Pentágono fornece a seguinte estatística: aproximadamente metade dos membros da Guarda Nacional que retornam, 38 por cento de soldados e 31 por cento de fuzileiros navais, relata ter problemas de saúde mental.[3] É muita dor. Dentre os dados relacionados ao suicídio, um grupo etário se destaca: veteranos de 20 a 24 anos que serviram na "guerra contra o terror". Seu índice de suicídio é de duas a quatro vezes mais elevado do que o encontrado entre civis da mesma faixa etária.[4] Pessoas com 20 anos de idade não deveriam estar cometendo suicídio — deveriam estar indo à faculdade, encontrando novos namorados ou namoradas e preparando-se para o resto de sua vida.

Outro fato realmente alarmante salta aos olhos a partir de outro levantamento realizado pelo departamento da Defesa. Todos os combatentes preenchem Avaliações de Saúde Pré e Pós-mobilização (PDHAs) ao partir e quando regressam. Depois, temos de preencher outra (a PDHRA — você adivinhou? —, "reavaliação") entre três e seis meses mais tarde. As tropas de regresso relataram problemas de relacionamentos interpessoais com quatro vezes mais frequência entre a primeira e a segunda avaliação, em 2005.[5]

Você pode acrescentar meu nome ao quadro dos relacionamentos terminados. E isso não causa surpresa, tendo em vista que em 2007 o índice de divórcio entre os oficiais do Exército aumentara em 78 por cento desde 2003, o ano da invasão do Iraque, e mais de 350 por cento desde o ano 2000. As Forças Armadas explicam: "Os elementos de estresse são extremos no oficialato, especialmente quando estamos em guerra e os oficiais defrontam-se com uma responsabilidade avassaladora que é a de cuidar de seus soldados bem como das famílias dos soldados. Os líderes carregam muita responsabilidade que, posso assegurar, afasta a pessoa da vida doméstica."[6] Identifique-me como Prova A, aqui no canto.

Quando parti para minha segunda rodada no Iraque, em setembro de 2004, minha então namorada, que eu chamarei de Jane Doe, vivia em uma das mais ricas comunidades da Costa Oeste (mas não em La Jolla). Não era a primeira vez que ficaríamos separados por um longo período — eu havia sido enviado para o Qatar por dois meses, no fim de 2003 —, mas seria a primeira separação durante a qual sabíamos que haveria uma forte probabilidade de eu entrar em combate. Conforme você pode imaginar, o estresse desse fato por si só — de não saber se eu regressaria — já pode assinalar o fim de um relacionamento para muitas pessoas. Jane e eu conseguimos manter vivo nosso sonho durante todo o meu serviço, porém esse foi o início do fim, como percebo agora. Nenhum dos dois queria que eu entrasse em combate com uma separação pairando sobre minha cabeça e, certamente, não estávamos prestes a reconhecer essa possibilidade antes de eu partir.

Contudo, não levou muito tempo para que as coisas dessem muito errado quando retornei. Talvez — tudo bem, com certeza — eu simplesmente não estivesse pronto para assumir um compromisso para toda vida com ela, ou talvez — mais uma vez, com certeza — eu simplesmente não me sentia mais inteiramente confortável na nossa relação. Havia mudado. Não uma pessoa diferente em si, mas, com certeza, havia desenvolvido um ponto de vista diferente em relação ao que é importante na vida. Minhas prioridades haviam mudado. Acho que eu teria ficado preocupado caso não tivessem mudado, depois da experiência por que passei. Nunca planejara tornar-me um fuzileiro naval durão pronto para matar. Tampouco tinha qualquer sonho altruísta de salvar o planeta de um ou outro império do mal.

Considere esta passagem de *Jarhead* de Anthony Swofford. Desde os 14 anos sabia, no fundo do seu coração, que seria um fuzileiro naval quando tivesse idade suficiente para isso. Afinal, seu pai, seu tio e seu avô tinham todos servido.

> Finalmente, minha mãe removeu o protetor e o vapor subia da minha camisa e na camisa os gloriosos Águia, Globo e Âncora pulsavam como um coração (...) Arranquei a camisa que estivera usando e derramei meu corpo dentro da camisa do Corpo de Fuzileiros Navais dos Estados Unidos, e o calor do ícone aquecia meu peito e meu peito cresceu, e eu havia me tornado um deles, os Fuzileiros Navais! Na idade madura de 14 anos eu havia decidido meu destino ...

Agora, considere-se aos 14 anos. Eu não sabia o que queria fazer de minha vida, da mesma forma que não sabia como realizar uma neurocirurgia durante uma viagem numa nave espacial. Aos 14 anos, tudo o que eu conseguia pensar, em termos de desenvolvimento dos peitorais, eram as garotas da minha turma. Acho que não tinha sequer noção do que era o Corpo de Fuzileiros Navais. Um dos nossos vizinhos, o sr. Woehleber, era reservista da Força Aérea, mas ainda era um empresário executivo de um dos grupos que dominavam a comunidade de negócios de Pittsburgh naquela época.

A simples verdade é que eu não sabia o que queria fazer de minha vida, então achei que poderia tentar ser militar. Já havia saído da faculdade havia três anos, era professor do ensino médio e treinava a equipe de futebol americano do colégio. Havia experimentado alguns outros trabalhos também, mas nada parecia me animar. Quando era criança, brincar de guerra não surgia entre as minhas atividades favoritas. Preferia jogos e competições com um resultado quantificável — e minha mãe não me deixava brincar com armas ou praticar tiro ao alvo em acampamentos. (Tá bem, assumo que eu atirava com aquelas espingardas calibre 22 de qualquer maneira, sem contar para ela. Quando era criança, era constrangedor demais *não* fazê-lo quando todo mundo estava fazendo. Naquela época, eu não entendia que não havia problema em ser diferente ou em defender alguma coisa.) Eu era criança quando os irmãos Kennedy, John e Bobby, foram assassinados, e depois dos assassinatos de Bobby e de Martin Luther King qualquer tipo de violência deixava meus pais enlouquecidos. O que soa meio irônico quando penso sobre isso, porque, mesmo assim, eu apanhava na cara ou na bunda quando fazia besteiras. Eles ficaram chocados quando decidi abraçar a carreira militar.

Inicialmente, eu só queria pilotar aviões. E não é que pilotar aviões tivesse sido meu sonho de toda vida. Eu não era como aqueles caras cujos pais haviam voado no Vietnã e cujos avôs haviam voado na Coreia ou na Segunda Guerra Mundial. Para eles, completar o treinamento de aviador da Marinha era alguma espécie de rito de passagem (acho que supostamente deveria ser uma coisa prestigiosa, mas fico mais impressionado com alguém que sabe fazer cirurgia cerebral). Até conheci alguns cujos pais ainda estavam na ativa, almirantes ou generais, e que achavam que tinham de manter a tradição da família. Quanto a mim, achei que parecia ser algo legal de se fazer durante algum tempo.

Consegui terminar a escola para candidatos a oficial de aviação da Marinha (aquela baboseira de *Oficial e Cavalheiro*) e a escola de aviação naval (incluindo as qualificações de carreira). Uma coisa levou à outra e lá fui eu para o Iraque, para treinar soldados iraquianos e tentar me manter vivo. Portanto, eu havia percorrido uma espécie de trajetória, uma hierarquia pela qual eu vinha subindo e continuei até que não tivesse mais certeza de que queria estar lá em cima.

Tudo isso se somou à minha sensação de estar perdido assim que regressei. Talvez não tão perdido quanto desorientado. Pode-se dizer que as coisas pareciam estar fora do lugar e, em festas, até com amigos, eu frequentemente tinha a sensação de não pertencer ali. As pessoas costumavam fazer perguntas impensadas: "Você matou alguém?", "Você já levou um tiro?". Será que é isso que acontece quando as pessoas assistem demais a programas como *Survivor* e *American Idol* e não o bastante aos noticiários da CNN ou da Fox? Eles acham que a guerra é um *reality show*?

Não é de se estranhar que Lava fosse meu melhor amigo — ele tinha estado lá. Ele entendia. Mas Jane Doe simplesmente não entendia. Muitos dos veteranos quando regressam parecem estar doidões 24 horas por dia. E quando você está bêbado ou drogado, provavelmente não vai reparar o quanto não se encaixa mais no mundo à sua volta. Mas eu sou mais velho e, assim espero, mais esperto, e em vez de afundar-me num nevoeiro induzido por drogas ou álcool apenas me tornei uma pessoa infeliz, reparando constantemente nos privilégios e benefícios alheios.

A realidade de Jane e de seus amigos era tão difícil para eu compreender quanto a dura realidade de que nosso governo consentia em matar cachorros para impedir que nos tornássemos seus amigos. Havia me acostumado a passar de carro por iraquianos cansados e enraivecidos quase todos os dias, enquanto estive lá — velhos, crianças, mães, com suas cabeças e rostos cobertos pelo tradicional *hijab*, a quem tínhamos de transferir de suas casas em Faluja para barracas nas periferias pobres, para que pudéssemos bombardear a área "com segurança", em nome da liberdade. Ouvir agora as pessoas reclamarem sobre, bem, qualquer coisa parecia-me algo absurdo. Retrospectivamente, o que é que eu esperava? Na verdade, elas não tinham a menor idéia da situação. Os noticiários locais não divulgavam esse tipo de informação, o que me fazia sentir-me inútil, incapaz de fazer qualquer coisa, a não ser tecer comentários sarcásticos. Tudo o que podia fazer era chamar esses americanos de fracos e lastimáveis, o que, evidentemente, não era muito bem aceito pela minha namorada.

À caminho de seu escritório com ar-condicionado, você não vê os corpos queimados e carbonizados daquilo que foram seres humanos, empilhados na carcaça do que já foi um caminhão de carroceria aberta. Quando está a caminho do supermercado ou indo buscar seus filhos do treino de futebol você não passa por cima dos restos mortais e sem cabeça de um combatente inimigo inchado com seu veículo utilitário desportivo, enquanto os pneus escorregam sobre a gordura que escorre da cavidade do pescoço para a rua. O cheiro de excrementos queimados não perfuma todos os momentos do seu dia. Você não caminha até seu quarto com medo no coração. Claro, eu quero ser rico tanto quanto o cara ao lado, mas já não tenho certeza que poderia sê-lo sem sentir algo pelo pessoal que sofre logo ali na rua. Não me compreenda mal — não sou uma pessoa hipersensível. Mas acho que há uma diferença quando você se sacrificou — ou viu o que é sacrifício — no nível que vivenciei.

A maior parte dessas pessoas, meus antigos vizinhos e amigos, nunca sequer pensou a esse respeito. Achavam que dureza era a empregada estar atrasada. Não consegui entender por que todo mundo não se escangalhou de tanto rir durante o jantar numa noite em que fiz boas piadas sobre como matar terroristas. Devia estar havendo alguma discussão sobre crianças ou vinicultura, ou sobre outra coisa igualmente arcana e eu meio que falei sem pensar: "É, é mais fácil matar terroristas que criar adolescentes. Você realmente precisa conversar com seus filhos." Foi assim, do nada. Durante os 15 segundos seguintes, só se podiam ouvir os grilos nas árvores, enquanto todos pensavam em algo a dizer que não piorasse ainda mais a situação. É claro que o fato de que a maioria deles, inclusive Jane Doe, tinha filhos adolescentes não ajudava muito. Acho que, lá no fundo, todos os pais queriam concordar comigo, mas estavam com medo de nunca mais serem chupados — pelas suas mulheres, pelo menos — caso fizessem até mesmo um único comentário que não se enquadrasse na cultura de considerar crianças como pequenos adultos, merecedores do mesmo respeito que os fuzileiros navais demonstram ter uns para com os outros.

Quero dizer, honestamente, meus pais nunca negociaram a hora de ir dormir — ou qualquer outra coisa, para dizer a verdade — comigo. Crescer na minha casa não tinha nada de democrático e o ditador não era exatamente benevolente. Hora de recolher era hora de recolher, você tinha de ficar ereto ao sentar à mesa, mastigar com a boca fechada, chamar os adultos de senhor ou senhora tal, e que Deus o livrasse de estar atrasado, ser desobediente ou grosseiro. Cada uma das pessoas presentes no jantar ostentava uma fisionomia de horror, como se repentinamente tivessem nascido chifres em mim ou se eu tivesse sofrido de uma doença que havia me desfigurado grotescamente. *Essas pessoas não se dão conta que existem alguns problemas reais no mundo neste momento? Líderes estão sendo assassinados, o petróleo está acima de 100 dólares o barril e estamos à beira de uma recessão, pelo amor de Deus!*

Então, a discussão mudou para os méritos de um Château Lafite Rothschild comparados com um Château Léoville Las Cases. Fiquei com vontade de vomitar. Sequer sei pronunciar o nome dessa merda, quanto mais vou me preocupar com quantas garrafas alguém tem em sua adega. Quando eu era criança, nossa máquina de lavar e secar roupas ficava no porão. Suponho que meus pais não ligavam para vinho.

Não vomitei. Em vez disso, dei uma geral no meu nariz.

Meu sentimento de não pertencer não desapareceu nem depois de termos saído da festa. Jane e eu brigamos no carro, na cozinha, em toda parte. Isso era o suficiente para mandar um homem de volta para os campos de batalha. Muitos caras voltam várias vezes porque não conseguem lidar com a monotonia da vida normal.

Vou admitir: nós, que escolhemos seguir a carreira militar, podemos ser — segure-se — rígidos, intransigentes, exigentes, distantes, emocionalmente desapegados e arrogantes. Sei que você está chocado por ouvir isso. Certo? Veja bem, repare o quanto derreti meu coração no primeiro livro. Até admito ter chorado quando recebi notícias de Lava — *duas vezes!* Como é que eu poderia estar falando sobre a mesma pessoa? Permita que eu volte ao ponto central aqui. E o ponto central é este: o mundo fica diferente depois que você vivenciou a guerra. Os óculos rosados da juventude foram arrancados de sua cara, pisoteados pelos coturnos de combate e moídos pela areia do deserto. A mobilização — especialmente múltiplas mobilizações para zonas de combates — destrói casamentos, famílias e indivíduos.

Portanto, qual era a probabilidade de minha relação sobreviver, quando regressei? De eu conseguir reatar um namoro com sucesso, depois de passar seis meses e meio tentando não ser morto, lutando pelo meu país enquanto ninguém parecia dar valor a isso?

Os cidadãos ordinários, comuns, não podem entender o que é um RPG* explodir ou receber o impacto de rajadas de metralhadora pesada a apenas alguns centímetros de você. Como poderiam? É sinistro olhar para trás e perceber que, naquele tempo, quase não se percebia quão perto estava de ter a cabeça arrancada dos ombros por uma chuva de balas suficientemente potentes para abrir um buraco de 15 centímetros no porta-malas de seu Humvee (veículo leve sobre rodas) *depois* de ter primeiramente atravessado a lateral de aço do veículo, de um quarto de polegada de espessura. Somente depois, quando o combate sob fogo acabou e houve tempo de avaliar sua boa sorte (seguramente melhor que a dos outros caras), é que você começa a pensar em todas as coisas ruins: nada de

---

* Rocket Propelled Grenade, lançador de granadas via combustível propelente. (*N. da E.*)

surfar, parentes aos prantos, quem é que vai cuidar de Lava; funeral com caixão fechado, certamente com caixão fechado. Levando isso em consideração, diria que as chances de preservar meu relacionamento eram entre poucas ou nenhuma, e que essas poucas haviam dado o fora num trem expresso.

Sei que se trata de uma resposta arrogante para uma questão séria, e não quero tratar da situação de forma leviana. Contudo, se eu tivesse a capacidade de perceber o que estava acontecendo, as coisas poderiam ter tido um resultado diferente. Talvez eu tivesse entendido que minha raiva e frustração frequentes — que eu dirigia para tudo e para todos com exceção de mim mesmo —originavam-se dos sentimentos que eu tentava absorver e não deixar que os outros vissem. Tendo atualmente o benefício do tempo e de alguma autorreflexão agindo a meu favor, posso compreender que eu era um cretino, agindo mais como uma criança do que como um adulto maduro e responsável. Intencionalmente? Talvez. Era minha culpa? Sim e não. Poderia usar o argumento de que sou apenas mais uma estatística.

Mas eu deveria ser mais inteligente que isso — melhor que isso. Cheguei a aprender que não se pode controlar sempre o medo, a dor e a raiva, suprimindo-os. Tentar parecer forte do lado de fora quando você está internamente em conflito e sentindo dor não vai funcionar. Eu percebia isso em Lava, especialmente quando o medo ficava demasiadamente grande para ele. Ele tinha muito medo do mar. Ficava apavorado, com o corpo inteiro tremendo e recusando-se a se mover. As ondas batendo na areia teriam soado como bombas para ele? A areia instável sob os pés lhe recordaria sua existência anterior, insegura e selvagem? Eu podia reconhecer isso nele e até pensar em como poderia ajudá-lo a despeito disso, mas acreditava, com a convicção de um fanático, que nenhuma das minhas experiências havia me transtornado da mesma maneira.

Não demonstro ter os sintomas clássicos do transtorno de estresse pós-traumático (TEPT). Lava, sim, conforme explicarei a seguir, mas eu realmente não os tenho. Na realidade, até começar a escrever este livro, achava que eu não tinha qualquer problema proveniente da guerra.

Tenho lido as histórias publicadas no *The New York Times*, e acho que estou melhor que a maioria. Contrariamente ao anspeçada Walter Rollo Smith, nunca dei por mim vociferando no estande de tiros, depois de retornar do Iraque. Ao contrário dele, não segurei minha namorada debaixo d'água até que não respirasse mais, deixando bebês gêmeos sem mãe. Como ele, entretanto, presenciei situações similares no Iraque: "Vi a cabeça dessa criança ser explodida, seu cérebro espatifando-se enquanto seus gritos ainda ecoavam", contou Smith para um repórter. Como ele, eu não culpava a guerra por tudo: "Não posso dizer de forma completamente honesta que, sim, o TEPT é a única causa de tudo o que eu fiz (...) eu não quero usar isso como bode expiatório. Eu me sentiria como se estivesse fugindo de alguma coisa (...) [mas], antes de ir para o Iraque, não teria de jeito nenhum tirado a vida de alguém."[7] Não me senti compelido a me propor voluntário em missões perigosas e praticamente suicidas como o especialista James Gregg, um homem da Guarda Nacional cujo trabalho era ficar de guarda num posto de controle. O fato de ver, dia após dia, cidadãos iraquianos procurá-lo, segurando os corpos de seus entes queridos, mortos ou feridos, e gritando que era sua culpa, embaralhou a mente dele. Pouco tempo depois de regressar para o estado de Dakota do Sul, Gregg deu cinco tiros num homem com quem brigara numa discussão de bar por causa de uma garota.[8]

Será que devo dar o crédito a Lava por me impedir de cruzar essa linha? Ele não pode impedir-me de terminar um relacionamento (provavelmente, ele estava tão feliz quanto eu de terminar com aquilo, para ser honesto). Mas quem sou eu para dizer? Talvez, lá no fundo, eu soubesse que estava tendo problemas para estabelecer um contato com as pessoas, mas era incapaz — ou tinha má vontade — de admitir isso e fazer as mudanças necessárias para ser uma pessoa melhor quando regressasse do Iraque pela última vez. Acho que nos meses que se seguiram — depois que Lava e eu tivemos um tempo só para nós —, finalmente fui capaz de resolver algumas questões comigo (e dentro de mim), que me possibilitaram ser uma pessoa mais forte e mais segura, e querer estar numa relação de amor e compromisso.

Sim, cometi erros no passado, mas acredito que tudo acontece por um motivo e que tudo acaba por se resolver da melhor maneira possível. Como é que eu mantenho essa fé com todos os garotos que têm sido mortos ou feridos na guerra? Em qualquer guerra? Que, de alguma maneira, suas mortes aconteceram "da melhor maneira possível"? Não sei responder a esta pergunta e é algo com que tenho problemas de vez em quando.

Acredito que, nesse caso, talvez isso seja aquilo que eu preciso crer. Então, que assim seja. Se eu lamento aquilo que aconteceu naquela relação? Provavelmente, num certo nível, sim — pelo menos, pela maneira como me comportei em determinadas ocasiões. Sendo grosseiro, arrogante, beligerante; vendo um lado negativo em tudo; esperando pelo pior. Porém, também sou eternamente grato. Se não fosse pelo lugar que Lava e eu encontramos para nós depois que a relação terminou, não teríamos descoberto o envolvimento carinhoso da família que temos agora — a família maravilhosa, amorosa, *perfeita* que, na realidade, Lava encontrou para nós. Minha família é tudo no mundo para mim, e eu preferiria morrer mil mortes do que passar um único dia, e muito menos viver minha vida toda, sem ela.

Prezado senhor,

Li a história de Jay Kopelman e fui levado de volta [ao meu passado] ao constatar o que ele e outros fizeram para trazer seu cão, Lava, para os Estados Unidos.

Posso compreender o que uma pessoa é capaz de fazer por um cão. Eu era fuzileiro naval em Okinawa, Japão, no fim de 1953, quando encontrei meu filhote. Os cachorros eram raros lá e tínhamos que protegê-los com nossas vidas.

O filhote era amado por todos na minha companhia. Tentei diferentes canais para trazer o cão comigo, mas foi em vão.

É inútil dizer que tive de deixar o filhote na ilha. Outras tropas o adotaram e tomaram conta dele depois que fui embora. Jay foi um cara de sorte.
O nome do filhote era Lucky [Sortudo].

James J. Little
Sargento, Terceira Divisão de Fuzileiros Navais, Companhia D

CAPÍTULO 4

O amor chega, graças a Lava

"Almejamos uma afeição que ignore completamente nossos defeitos. O céu nos concedeu isso no apego não-crítico dos cães."

— GEORGE ELIOT

COMO POSSO DAR CRÉDITO ao meu cão por ter encontrado uma família para mim? Deixe que eu conte o sucedido. Em primeiro lugar, sua companhia durante aqueles duros primeiros meses após meu regresso permitiu que eu me abrisse o suficiente para que isso acontecesse. Por outro lado, ele ocasionalmente lembrava-me que ambos precisávamos de algo mais em nossas vidas do que apenas um ao outro. E, finalmente, ele literalmente encontrou Pam para mim. Para nós. Foi de um jeito tipicamente Lava: ele simplesmente saiu correndo em direção a uma mulher maravilhosa que estava no parque e em que eu reparara em passeios anteriores, agarrou seu filho de 7 anos de idade e jogou o garoto no chão como se ele fosse um filhote de cachorro. Não assisti a toda essa cena, mas minha mulher jura que isso aconteceu, então tenho de acreditar nela. (Gosto de pensar que esse foi um jeito de ela puxar uma conversa mais profunda comigo sem dar demasiadamente na vista.) Foi assim que tudo começou: num momento, eu estava conversando com outro dono de cachorro e, no momento seguinte: "Ei, seu cachorro mordeu meu filho!" Entrei em pânico. Em La Jolla, a penalidade por uma mordida de cachorro é sacrificar o criminoso, o proprietário e toda a sua raça.

Corri até eles o mais rápido possível, preparando-me para ver uma ferida aberta no local em que Lava havia enterrado seus caninos no braço ou na perna da pobre criança e arrancado um pedaço de carne. Em vez disso, para meu grande alívio, havia principalmente baba de cachorro no pulso do garoto. Naquele momento de vertigem pelo fato de meus piores medos não terem se realizado, reassumi rapidamente minha compostura, adotei um olhar de profunda preocupação e disse: "Bem, seu filho tem alguma doença com a qual eu deveria estar preocupado?" Suave, não? Sério, eu sou a suavidade em pessoa, não sou? Que mulher poderia resistir a um discurso desses? A tal presença de espírito? Ela devia ter ficado babando por mim logo ali, naquele momento. Bem, de qualquer maneira, é assim que eu gosto de contar a história — e alguns dos meus amigos dizem, num tom que não é muito jocoso, que eu realmente acredito que tudo tenha acontecido desse jeito.

Sugeriram, algumas vezes, que eu ainda estava agindo como um predador, um guerreiro caçando sua presa, ficando à espreita — o modo caçador-matador que eu havia assumido tão facilmente no Iraque e que havia se tornado parte tão importante de mim, tanto do ponto de vista físico quanto espiritual. Não é exatamente algo lisonjeador, mas é, definitivamente, algo que tenho levado em consideração. Lava tem trabalhado duro em mim para quebrar esse padrão e me fazer concentrar nos detalhes mais importantes da vida, tais como brincar com um pedaço de pau, mas fui um fuzileiro naval por muito mais tempo do que ele tem de vida. Nesse caso, porém, vou deixar esses comentários passarem, afinal, às vezes, os fins justificam os meios. Como de fato o fizeram.

O que eu sei é que, depois de quase ter mijado nas calças de medo e preocupação em relação à suposta mordida, perguntei muito sinceramente se o garoto estava bem e chequei-o integralmente, fazendo um apontamento mental para mim mesmo, no sentido de que procurar meu advogado seria a primeira coisa a fazer de manhã — só para garantir. A beleza disso tudo, porém, é que me pôs em proximidade com uma mulher encantadora e me deu a abertura que eu vinha procurando. Sentei-me ao seu lado e comecei o que provavelmente foi nossa primeira conversa verdadeira, a despeito do meu nervosismo.

Durante as semanas que se seguiram, encontrava Pam no parque e conversávamos sobre tudo e nada, mas a relação não deslanchava. Então, numa manhã de domingo — dia 2 de outubro de 2005, para ser exato —, fui ao parque cedo com Lava. Não havia mais ninguém por lá naquela hora e não pude evitar pensar que seria um dia maravilhoso e que só poderia ser mais perfeito se, durante esse momento de calma, Pam aparecesse sozinha com sua cadela para que eu pudesse realmente chegar aos finalmentes. E, então, como se os anjos tivessem me atendido, aconteceu. Vi Koda (a cachorra de Pam) primeiro, quando ela ainda dobrava a esquina, seguida de Pam, usando chinelos de dedo; a minissaia de brim branco com a bainha desfiada que eu amava porque realçava tão bem suas pernas torneadas, bronzeadas e musculosas; e seu moletom da marca Ironman (competição de canoa havaiana), que me havia permitido puxar meu primeiro papo com ela, quando perguntei se ela fazia triatlo e se ela realmente havia disputado o Ironwoman no Havaí.

Ela se aproximava, a luz do sol brilhando no cabelo castanho-avermelhado, uma verdadeira aura circundando-a. Ela se movia com a graça e com a suavidade de uma atleta, exibindo ao mesmo tempo uma qualidade quase felina (de tigresa ou leoa) que a fazia transpirar sensualidade e sexualidade a cada passo. Meu coração deu saltos mortais e minha boca ficou temporariamente seca, enquanto eu sorria e acenava com a mão como um imbecil. Ela aproximou-se de mim, sentando-se ao meu lado sobre o muro, enquanto os cães brincavam. Passamos a maior parte do tempo só observando-os, mas depois de vários minutos sem conversarmos — embora a tensão fosse palpável — eu disse:

— Bem, eu estava pensando, você gostaria de ir tomar um drinque ou algo assim, alguma hora dessas?

— Seria bom — respondeu. — Gostaria, sim.

— Ótimo — falei. (Seria este um diálogo para um filme ganhador do Oscar, ou o quê? Eu estava pronto para um close.)

— Eu posso conseguir uma babá para hoje à noite — ela acrescentou.

Quase me levantei num salto e gritei para os céus — e para qualquer outra pessoa que estivesse ao alcance. Mal podia acreditar que realmente ia acontecer. Estava disposto a sair do meu caminho para ter aquela mulher para mim, e ali estava ela, oferecendo-se para sair comigo logo de cara. De qualquer maneira, eu havia pelo menos conseguido vender meu peixe na primeira rodada e estava a caminho de me tornar o proverbial vendedor do ano.

Aquele primeiro encontro foi todo mexicano. Fomos para um maravilhoso restaurante para jantar e continuamos com margaritas em outro restaurante mexicano fantástico, logo na mesma rua. É claro que a levei para um lugar em que eu conhecia o dono e em que os atendentes do bar me tratavam todos como uma celebridade local. Queria que ela soubesse que estava saindo não apenas com um fuzileiro naval qualquer, mas com um fuzileiro realmente importante. Acho que bebi principalmente para acalmar meus nervos. Aquele primeiro encontro terminou nos degraus em frente à casa dela, mas foi o beijo — o beijo de renascimento para mim — no fim da noite que gerou toda a promessa de coisas por vir. Foi intenso; foi urgente; foi mágico.

Aqueles foram dias bons, dias fáceis Eu tinha um trabalho tranquilo na Força Expedicionária de Fuzileiros Navais, como um dos oficiais seniores da guarda noturna (SWO), o que significava trabalhar apenas de três a quatro noites por semana, das 8 horas da noite às 8 da manhã. O resto do tempo era meu para fazer qualquer uma das minhas atividades prediletas, inclusive conhecer Pam melhor. Com frequência, eu largava o trabalho às 8 horas da manhã, trocava a farda por roupas de ciclismo e juntava-me a um grande grupo de ciclistas que cumpriam um percurso de treinamento intenso, que passava por Camp Pendleton, indo para o norte, em direção à cidade de San Clemente e depois voltava. Ou, então, ia para casa, tirava um cochilo, passava a mão na minha prancha e ia surfar enquanto o resto de San Diego trabalhava.

Setembro é a melhor época do ano em San Diego. O sol brilha diariamente, o que a torna ideal para praticar qualquer atividade ao ar livre; a temperatura da água ainda está na faixa dos 20 graus e, portanto, você ainda não precisa usar roupas de neoprene para surfar; e os "zonies" — influxo anual de hordas que vêm dirigindo bugres e lotam as praias, fugindo do calor do verão do Arizona, e que agem como se fossem donos da cidade — já foram embora. Tirava o máximo proveito disso tudo, e Lava e eu adotamos uma rotina desse tipo.

Pam amava surfar e praticar esqui aquático, conforme descobri. Trocávamos detalhes sobre nós mesmos: os livros que gostávamos de ler, as várias coisas que nossos cachorros faziam para nos impressionar, como ganhávamos a vida etc. Não acredito que Pam já tivesse conhecido um fuzileiro naval antes e tenho certeza de que ela era a primeira antropóloga a completar um programa de doutorado que eu já encontrara. Ficava feliz por ela não ser paleontologista — ela teria me usado como objeto de sua tese.

Passamos o mês de outubro surfando sempre que tínhamos oportunidade, e então jantando um ou outro dos pratos preferidos dos surfistas — tacos de peixe ou ovos, batatas, bacon e burritos de queijo. Em última análise, o que me fez conseguir sair mais vezes com Pam e, assim, permitiu que eu continuasse a paquerá-la, foi a ocasião em que, saindo da água depois de uma rodada de surf, ela se deixou ficar ligeiramente atrás de mim para "dar uma conferida" e olhar se eu — ou minha parte traseira — correspondia às suas expectativas (olha, são as palavras dela, não as minhas).

Ter Pam na minha vida modificou minha relação com Lava, mas também me mostrou o quanto ele havia me dado, a mim e a todos, lá naquele ânus do mundo — isto é, o Iraque. O simples fato de poder afagá-lo nos fazia lembrar de que ainda éramos humanos, ainda capazes de sentimentos. Estudos demonstraram que as pessoas que têm bichos de estimação apresentam níveis mais baixos de estresse e ansiedade. Um biólogo comentou recentemente na *Newsweek* que qualquer problema que possua uma componente relacionada ao estresse pode ser melhorado com um animal doméstico: "Fornecem um foco de atenção fora de si mesmo. Eles realmente fazem com que você se concentre neles em vez de concentrar-se o tempo inteiro para dentro de si mesmo."[9] Pois é, a ciência prova que é verdade — faça um carinho no seu cachorro e você ficará mais feliz e mais saudável.

Acho que o departamento da Defesa finalmente começou a aceitar esse fato. Pela primeira vez na história das Forças Armadas norte-americanas, cães terapêuticos treinados — fornecidos pela America's VetDogs, uma subsidiária da Fundação de Cães-guias para Cegos — serão enviados para o Iraque para ajudar a aliviar o estresse de combate dos soldados em campo. Dois cães treinados especialmente para esse fim se juntarão a uma equipe multidisciplinar de profissionais das Forças Armadas, para se ocuparem de problemas de saúde mental conforme forem surgindo. Os cães, Budge e Boe, trabalharão junto com membros do 85º Destacamento Médico que lidam com soldados, seja em sessões individuais, seja em grupo, para enfrentar problemas de casa/front, distúrbios do sono ou estresse operacional no dia a dia. Gosto de acreditar que minha violação do regulamento concernente a animais de estimação e mascotes no cenário de combate, ou as histórias de centenas de outros mascotes, ajudaram o departamento da Defesa a aceitar que os cães são bons para o moral, não prejudiciais.

Talvez o fato de ter Lava agora — e sua companhia por algum tempo no Iraque — seja o motivo pelo qual estou melhor que a maioria, e quando Pam entrou na minha vida eu estava pronto para recebê-la. Já não dependo de Lava do mesmo jeito, mas ele continua a ser tão leal quanto pode ser. Ele me recorda quem eu sou e onde estive, todos os dias. Tenho sorte de tê-lo e espero que, um dia, seja mais fácil para os fuzileiros navais trazerem seus melhores amigos.

Recentemente, ouvi uma história alentadora: Lex, um cão militar autorizado para trabalhar no Iraque, cujo tratador e melhor amigo, cabo dos fuzileiros navais Dustin Lee, foi morto num ataque de morteiros em Faluja, recebeu permissão para se aposentar prematuramente para viver com a família de Lee. O cachorro não queria sair do lado de Lee quando ambos foram feridos; outros fuzileiros navais tiveram de removê-lo à força para deixar que os médicos chegassem perto do cabo. Foi tarde demais para Lee, mas, a despeito de ter sido ferido por estilhaços de metralhadora, Lex sobreviveu. A família fez lobby junto ao Corpo de Fuzileiros Navais por meses, para trazer Lex do Iraque. Eu até assinei uma petição online convocando os oficiais do departamento da Defesa a fazerem a coisa certa... o que acabaram fazendo. Lex retornou aos Estados Unidos para viver com a família de Lee em dezembro de 2007. Imagino que ele recorde Dustin para sua família. Seu pai deu a seguinte declaração: "Sempre haverá esse elo perdido com a ausência de Dusty. Mas parte de Dusty está aqui, com Lex."[10]

Eu entendo isso. Enquanto ainda estava no Iraque, sentia como se Lava fosse um parente próximo. Por isso é que pareceu certeiro o fato de ele desempenhar um papel tão crucial em encontrar Pam, do jeito que ele o fez. Lava tem sido minha família desde o primeiro dia em que pus os olhos nele. Por um tempo, assim que voltei para os Estados Unidos, ele foi verdadeiramente minha única família.

Lava me ama independentemente de meus erros. O mesmo acontece com minha família — minha mulher e meus filhos — e, acredite, as falhas são muitas e, às vezes, difíceis para todos. Para começar, não tenho muita paciência e não suporto pessoas ingênuas.

Fico mais facilmente agitado do que costumava ficar e tenho menos tolerância com pessoas que não atribuem a mesma importância que eu às coisas ou que parecem não dar valor ao que têm. Em certas ocasiões, sou conhecido por bater boca com as pessoas, também. Outro dia, alguém estacionou na minha vaga exclusiva — mais uma vez. Há uma escola perto do lugar onde estaciono para trabalhar todos os dias. Como tenho a vaga mais próxima à escola, as pessoas acham que está tudo bem ou até que têm o direito de estacionar na minha vaga enquanto vão buscar seus filhos.

E não é que eles peçam desculpas e tirem seus carros quando falo com eles. Não, preferem discutir a esse respeito.

"Olha, é somente por um minuto, enquanto pego o meu filho." Ou: "Normalmente não faria isso, mas não há outro lugar para estacionar." Que merda, mulher, é por isso que eu pago uma taxa todos os meses para ter essa vaga.

Ah, desculpas são um cu — eu já tenho um e não preciso de outro. E se você não faria isso normalmente, então não o faça agora.

Deixei um recado para o último transgressor: "Ao proprietário deste veículo: enquanto tenho certeza de que seu tempo e seus sentimentos de autoimportância possuem, em sua mente, um valor maior que os dos outros, por favor, compreenda que eu não tenho nem interesse, nem tempo para seu comportamento descortês. Esteja avisado de que seu carro está estacionado numa vaga privativa pela qual eu pago; ao estacionar aqui, você está desperdiçando meu tempo e interferindo na minha capacidade de fazer meu trabalho. No futuro, faça todos os esforços possíveis para não confundir seu senso de direito com as opiniões dos outros acerca de seu comportamento grosseiro. Você vai ser rebocado às suas custas." Gentil, não? Tentei mandar rebocar o carro, mas não havia placas alertando nesse sentido e, portanto, vou ter de esperar pela próxima vez.

Conforme você pode depreender dessa história simpática, posso ser um tanto irritadiço e sou conhecido por perder a paciência em função das menores infrações percebidas. Isso piorou desde o Iraque. Também posso ficar distraído ou distante de minha família, sem nenhuma razão facilmente explicável. Morro de vergonha quando percebo que isso está acontecendo, um sentimento elevado à potência, porque tenho a mulher mais paciente, carinhosa e compreensiva do mundo, que nunca fez qualquer coisa — intencionalmente ou não — para merecer qualquer coisa que não seja uma retribuição. Talvez ela compreenda melhor que eu o que está havendo, por isso me tolera nesses períodos. E eu a amo ainda mais por isso. Deve-se dizer para seu crédito que, quando começamos a sair, Pam não fazia perguntas sobre o que eu tinha visto e feito no Iraque, e nunca me ofereci para dar esse tipo de informação. Era como se ela soubesse que era um assunto que, embora não fosse proibido, requeria mais tempo para poder ser abordado.

Sarar leva tempo. Está claro que Lava não vai se recuperar disso da noite para o dia, e que talvez nunca o consiga. Sei que ele está fazendo o melhor que pode e está lidando com isso da única maneira que é capaz. Ele se esforça, e como, mas não possui a mesma habilidade que nós, humanos, temos para enfrentar as dificuldades.

E se eu apresento seja lá qual for o rótulo que quiserem colocar em mim — TEPT, choque por bombas, coração de soldado, síndrome de veterano louco —, espero que os buracos rasgados em minha alma pela soma das minhas experiências no Iraque possam ser preenchidos por amor, meu e de minha família.

CAPÍTULO 5

O medo fortalece você

"Os olhos fixos, os lábios relaxados, a postura de sonâmbulo
(...) Com misericórdia, você está fora disso por um tempo;
sem misericórdia, no entanto, lá no meio daquele torpor, você sabe
que vai acabar tendo de voltar (...) O fuzileiro naval retratado
pularia tão rápido quanto um gato caso um tiro de morteiro
chegasse silvando, ou uma luta se desencadeasse. A essa altura,
ele pode depender de seus instintos treinados, que foram
desenvolvidos durante um longo período atuando em combates.
A única coisa que não é segura é se esses ainda vão poder salvá-lo,
caso ele não tenha sorte."

— JAMES JONES, comentando sobre o olhar fixo

LAVA É O MOTIVO PELO QUAL sou capaz de admitir que o mesmo medo penetrante que nos perseguia todo santo dia no Iraque às vezes mostra sua cara feia aqui em casa. Os gatilhos para o medo podem ser diferentes, está claro, mas têm a mesma força. Tenho medo de não ser um bom pai aos olhos dos meus filhos; medo de não ser sempre o homem com quem minha linda mulher se casou na esperança de compartilhar uma vida inteira juntos; medo que, num piscar de olhos — bem parecido com o clarão da boca

79

de um fuzil de um franco-atirador —, tudo o que tenho, inclusive Lava, possa ir embora. Simplesmente embora.

Certas manhãs, acordo encharcado de suor, não tendo certeza de onde estou por um minuto ou dois. Também reparei que se eu estiver olhando um determinado tipo de programa na televisão — um documentário sobre a guerra, por exemplo —, reajo àquilo que vejo, especialmente se houver imagens ou reconstituições do tipo de situações que vi ou vivenciei enquanto estava no Iraque. Você tem de ter sido afetado em algum nível quando segurou a mão de um jovem que quase morreu na explosão de uma bomba, independentemente de quão forte você julga ser.

Talvez o som mais perturbador no Iraque fosse o dos tiros de morteiros e foguetes se aproximando. Não havia nada que você pudesse fazer a respeito, nenhum inimigo para quem atirar de volta. Isso era desconcertante, fazia você se sentir impotente. Havia muitas situações, no Iraque, em que a gente se sentia assim.

Nunca tive o costume de me encolher ou pular em cenas particularmente cheias de suspense no cinema, mas agora faço isso. Recentemente, até me flagrei encolhendo-me durante o funeral de um soldado, quando a Guarda de Honra disparou sua salva de tiros de M16 antes do toque de silêncio. Sabia que aquilo ia acontecer, mas algo fora do meu controle tomou conta de mim. Nunca na minha vida tinha vivenciado essa incapacidade de controlar minhas reações ao som de tiros. Nem num estande de tiro de pistola ou rifle nem em combate. Então, por que agora? Tenho certeza que, de alguma maneira, isso está ligado às minhas experiências. Como uma antecipação do que vem depois dos tiros, e um lembrete de que eles poderiam acertar-me a qualquer momento. Vamos ser realistas: vi muitos corpos despedaçados e o som de tiros me leva direto de volta para lá, sem que eu sequer perceba.

Será que, de repente, me tornei covarde? Não, não é isso. Porque, mesmo que eu não me comporte levianamente ou com um abandono temerário, não me esquivo de surfar ondas grandes ou esquiar quantos *black-diamonds* duplos eu conseguir. Até me tornei mais agressivo correndo de bicicleta, praticando esqui aquático ou *wakeboard*. Essa excitação é puro prazer, porque não preciso estar constantemente olhando por sobre meu ombro, atento à bala que finalmente vai me matar.

Penso em como a vida de meu amigo Matt Hammond mudou num instante. Ele estava trabalhando com soldados iraquianos em Faluja, uma noite, quando foram abordados por homens que não eram imediatamente reconhecíveis como insurgentes. Foi então que aconteceu. Um deles abriu fogo, matando um soldado iraquiano. Os fuzileiros navais revidaram. Uma granada foi lançada e Matt foi gravemente ferido. A granada conseguiu fazer tanto estrago em suas pernas que ele quase sangrou até morrer. Para completar, quando o Humvee em que estava sendo levado passou por um calombo, a porta abriu-se e o corpo inerte e deitado de Matt foi arremessado para a rua, no meio da noite. Ele teve de rastejar de volta até o veículo, enquanto gritava por socorro, até que os outros fuzileiros percebessem o que havia acontecido e o encontrassem na rua.

E Matt foi um dos que tiveram sorte: ele viveu e reabilitou-se em Faluja, com Lava ao seu lado. Sei que Lava ajudou-o a se lembrar de quem ele era antes de ser um guerreiro. O fato de ter Lava para encorajá-lo a sair, a tomar ar, a se sentir necessário, desempenhou um papel importante na recuperação de Matt.

Mas o que é *medo* mesmo? De acordo com o dicionário Merriam-Webster, é "uma emoção desagradável e frequentemente forte causada pela antecipação ou consciência do perigo". Isso é realmente muito vago. Todas as pessoas não reagem diferentemente ao perigo? Todos nós temos medo de alguma coisa, independentemente de admitirmos isso ou não. A única forma verdadeira de dominar seus medos é enfrentá-los. Olhe o medo diretamente nos olhos e lembre-se de que você é o mais forte. Às vezes, isso também envolve admitir que você não pode controlar tudo. Para um fuzileiro naval, é difícil. Ser um fuzileiro naval tem tudo a ver com o sentimento de dever, de obrigação, de sucesso. Fracassar *não* é uma opção.

Há alguns anos, a *Military Review*[11] publicou um artigo sobre o medo e como ele pode afetar a eficácia de uma unidade. Eu o achei realmente fascinante, embora não particularmente surpreendente. Essa é uma questão que tem perseguido as lideranças militares desde que as guerras existem. O autor ressalta que os participantes de uma batalha devem reagir a ameaças identificáveis, bem como à inquietude difusa e insidiosa — diferenças essas que Sigmund Freud caracterizou como "ansiedade objetiva" e "ansiedade neurótica".

Concordo com a ideia de que a inquietude difusa não traz nada de bom para a psique do homem, e que o treinamento de combate deveria ajudar os soldados a lidar com o medo, mas não tenho certeza de que haja qualquer maneira eficaz de representar isso a não ser a experiência real. As Forças Armadas tentam fazer o melhor que podem, com sua preparação de realidade virtual (que, ironicamente, também tem sido usada para ajudar veteranos traumatizados a superar o transtorno de estresse pós-traumático). Mesmo assim, não acho que qualquer pessoa possa saber como seu corpo e sua mente reagirão.

※

Quando vejo Lava esticando as pernas de manhã, descendo às escondidas da cama de Sean (é meu enteado — você sabe, a criança que Lava supostamente mordeu quando Pam armou para me conhecer), bocejando escancaradamente e piscando com seus olhos delineados de preto, vejo a mim mesmo. Quando o focinho de Lava é atingido pela luz do sol, seus olhos adquirem uma cor marrom-dourada com um brilho e uma profundeza característicos. Ele funciona como o espelho da minha alma, e eu só posso esperar ser tão protetor e leal com minha família quanto ele o é comigo. Lava não esconde seus sentimentos; não há maneira de ele fingir gostar de alguém de quem não gosta, ou vice-versa.

Lá no Iraque, todos nós acariciávamos o pelo imundo de Lava na tentativa de esquecermos o terreno desolado e poeirento do lado de fora, e os ásperos sacos de dormir que cobriam nossos membros recobertos de crostas de terra à noite (ou a qualquer hora em que dormíssemos). Vejo a mão de Sean demorar-se sobre a cabeça de Lava, às vezes, e sei que seu pelo é macio como a pele do meu bebê recém-nascido. Lava sacode a cabeça, as orelhas batendo contra seu crânio, e abre a boca num amplo sorriso canino. Ele é um animal forte, impetuoso e gentil. Obviamente, é o produto de um acasalamento selvagem ocorrido lá no deserto. Conforme mencionei, Lava se assemelha principalmente a um pastor alemão, porém mais magro e mais claro. (É estranho que muitos dos cães encontrados em terras estrangeiras tendam a se enquadrar nessa categoria. Gosto de achar que Lava é mais bonito que a maioria, mas posso estar sendo tendencioso.) Ele cresceu extraordinariamente desde que se tornou meu amigo, em Faluja, quando era uma pequena bola de pelos que cabia na minha mão — ou na minha bota. No tempo em que estivemos separados, ele passou por uma fase estranha, em que ficou com orelhas enormes. Quando ele chegou aos Estados Unidos, chamou-me atenção o fato de sua cabeça ser muito maior que o seu corpo e de seu rabo mexer com todo o seu ser. Isso não havia mudado nem um pouco.

A crença agradável que Lava tem na vida ajudou-me, por si só, a aceitar que meus medos, desde os mortais aos românticos, faziam parte do tecido de minha vida. A ansiedade de cada momento isolado do tempo que passei no Iraque era aliviada pelos pensamentos sobre as palhaçadas malucas de Lava. Minha insegurança em relação a Pam também foi igualmente atenuada pelo fato de Lava achar que eu era o que havia de melhor depois de pão fatiado. Claro, ele é um cão, mas tem bom gosto. Apaixonei-me completamente por Pam, e fui capaz de ser o homem com quem ela pôde imaginar querer passar toda a sua vida, porque Lava me mostrou o que significa estar aberto para a vida.

No campo de batalha em que o Iraque se transformou, nem sempre encontramos quem estamos procurando, mas estamos sempre acompanhados pelo medo de que ele vai nos encontrar primeiro. Um olhar fixo em 2 mil metros fica incrustado em nós depois de meses dançando essa valsa com o medo e com a incerteza que são trazidos todos os dias e noites. O inimigo se parece exatamente com o inocente não-combatente fumando um cigarro no bar da esquina. Um homem adulto em idade militar é indistinguível de outro — e não são sempre os homens que estão esperando com uma máquina mortífera presa aos seus corpos. Mulheres, crianças, cães, qualquer um pode ser uma bomba suicida. Na medida em que você nunca pode ter certeza de quem é o bom nativo e quem é o mau, torna-se quase impossível encarar seu medo de frente, até aquele momento aterrador em que a merda proverbial atinge o ventilador. Para dizer a verdade, é quase um alívio quando isso acontece e você pode canalizar toda essa agressão em sua luta.

Convenhamos, para um monte de fuzileiros navais e soldados recentemente desembarcados de avião no Iraque, provenientes de Oklahoma, Indiana ou até da Califórnia, um homem barbudo é exatamente igual a outro, todos usando exatamente a mesma roupa — até que um deles puxe um AK-47. Esse rifle de assalto, a arma predileta dos nossos inimigos, foi desenvolvido durante a Segunda Guerra Mundial e é compacto, fácil de usar e incrivelmente confiável. É, ao mesmo tempo, um objeto bonito e feio de se ver, porque foi projetado para uma única coisa: matar. E seu aspecto bem que não deixa a menor dúvida quanto a isso, com sua coronha e seu punho em madeira ou aço, seu cano de aço negro e cabos de madeira, e uma incrível capacidade de disparar salvas após salvas de fogo automático sem emperrar, mesmo que um objeto estranho se introduza na arma. Essa é a arma que surge de debaixo das dobras de uma vestimenta e, de repente, libera uma tempestade de balas. Então, você tem de reagir e depender de seu treinamento e dos seus instintos, sem ter tempo para pensar. Você confronta esse medo com sua própria arma e reação automáticas.

Em situações como essas, os fuzileiros navais são treinados para agir/reagir e não pensar. Pensar vai fazer você ser morto. Se pensar demais sobre o que deve fazer com alguém que está à sua frente, se você se preocupar demais em saber de que lado ele está, você morre. É exatamente como no estande de tiro — o alvo surge e você atira sem pensar, mas é preciso fazer isso no Iraque porque você *sabe* que é um cara mau e que se não reagir bastante rápido ou com força suficientemente mortífera, uma cerimônia em sua memória será celebrada em Camp Pendleton ou Camp Lejeune, e entregarão uma bandeira dobrada e uma condecoração póstuma a seu pai e a sua mãe. E não é somente isso, o Corpo de Fuzileiros Navais investe muito tempo e dinheiro em nosso treinamento e equipamento para garantir que sejamos a melhor força combatente do mundo. Que impressão você acha que isso causa quando somos apagados por algum babaca usando um "vestido de homem", porque usamos o tempo para pensar em vez de apelar para nossos instintos e treinamento? Isso não é bom, meus amigos, não é bom.

E não venha me dizer que estou sendo racista. Ninguém quer ser amigo de alguém que pode ter de matar no momento seguinte, ou que pode abrir fogo nele e em seu melhor amigo.

Inicialmente, há o medo do próprio combate sob fogo, quando ele começa, mas também há um sentimento de alívio no sentido de que pelo menos você está fazendo alguma coisa. Esse medo é subsequentemente substituído pelo medo de deixar seus homens na mão. É um sentimento que dura até que o combate sob fogo termine e você tenha a oportunidade de deixar a adrenalina retroceder; até que a tremedeira se inicie, quando você se dá conta de que passou (novamente) a poucos centímetros da morte. Há o medo do desconhecido, como quando você está de patrulha e não sabe se a bala do franco-atirador vai encontrar seu alvo ou o IED* vai espalhar anonimamente os fragmentos do seu corpo para as quatro direções da bússola. Esses são medos reais. Não se trata de um galho de árvore roçando na janela durante uma tempestade. Não se trata de uma formiga inofensiva rastejando por sua mão durante um piquenique no parque com sua melhor amiga, numa tarde ensolarada.

Então, como é que o fuzileiro naval ou o soldado vence tais medos? O que faz o guerreiro, uma pessoa constituída de carne, sangue e ossos como todo o resto da raça humana, ir em frente? Como é que ele consegue obrigar-se a realizar essa patrulha, a botar abaixo a porta atrás da qual o inimigo está à espera, ou a levantar-se e expor-se durante um combate sob fogo? É o sentimento do dever, da obrigação e da responsabilidade pelos seus companheiros fuzileiros navais ou soldados que lhe permite — não, exige e compele — fazê-lo. Ao deparar com o medo em combate, você o enfrenta e luta contra ele, da mesma maneira que enfrenta o inimigo. Você permite que o medo entre, mas o empurra para o fundo do seu subconsciente, esmagando-o como se fosse uma barata ou um inimigo.

Quando tudo está terminado — as balas e os RPGs se calaram, você fez umas contas mentais e teve um momento para refletir sobre esses mortos e feridos, bem como sobre os acontecimentos dos quais participou segundos antes — é que você cai na real de que, se não fosse pela graça de Deus, aquele pobre coitado ensacado poderia ser você. O que dá medo é

---

* Sigla em inglês para Improvised Explosive Device, artefato explosivo improvisado. (*N. da E.*)

ter de fazer isso tudo de novo, e pensar que cada vez poderia ser a sua última. Quantas vezes você pode passar a poucos centímetros da morte? Quais são as probabilidades de sair ileso da próxima vez? Acredito que as probabilidades devem se reduzir exponencialmente a cada combate sob fogo, a cada patrulha. O nível de medo não se modifica, mas sua resposta emocional a ele — depois que a adrenalina se retraiu — é que sim.

Lava continua a alcançar o mesmo nível de ferocidade todas as vezes que alguém toca a campainha, mas, depois de sobreviver sempre, ele deve sentir orgulho — um sentimento de realização — quando a pessoa se afasta da porta. Ele segue adiante. Gosto que ele seja tão congruente, como uma fofa versão mascote de um fuzileiro naval dos Estados Unidos. Ele segue em frente. Honra, obrigação e dever fazem com que ele — e nós também — sigamos em frente.

Capítulo 6

O que você é no escuro

*"Algumas pessoas passam a vida inteira pensando
se fizeram alguma diferença no mundo. Os fuzileiros
navais não têm esse problema."*

— RONALD REAGAN

DEPOIS QUE VOCÊ CONSEGUE passar pelos dias excruciantes para a alma e desestruturantes de treinamento para ser um fuzileiro naval, voltam a entregar-lhe sua mente, caso ainda deseje fazer uso dela. Você é ensinado a fazer tudo de determinada maneira, a pensar em termos de equipe o tempo inteiro, a se tornar a honra, a coragem e o compromisso que você aprendeu a ser, mas com um senso de individualidade que, às vezes, significa admitir ter medo ou quebrar os regulamentos. Ironicamente, a maior parte das pessoas pensa que os fuzileiros navais não pensam por si mesmos; na realidade, o Corpo de Fuzileiros Navais lembra isso a nós todos no código que aprendemos de cor. Na verdade, a corporação não quer autômatos, robôs sem uma inteligência superior que poderiam simplesmente brincar de seguir o líder como carneirinhos indo para o abate ou lemingues seguindo em direção ao mar. Se esta for sua noção de liderança, então aliste-se no Exército. Não, a corporação-mãe acredita não somente que cada fuzileiro

89

naval é um homem com um rifle, mas que cada fuzileiro é capaz de ser um líder eficiente. E para liderar eficientemente, especialmente quando jogaram merda no ventilador para valer, você deve ser capaz de improvisar, de adaptar-se e de superar dificuldades. Por acaso um robô poderia comportar-se assim?

Na bravura, há espaço para o medo. Mas se você puder depender de seu treinamento, então terá as ferramentas para aceitá-lo e superá-lo diante das piores e mais desesperadoras probabilidades. Considere esta descrição dos fuzileiros navais feita pelo governo:

> Por que os fuzileiros navais dos Estados Unidos são considerados os melhores guerreiros do mundo? O que coloca o Corpo de Fuzileiros Navais acima do resto? Outros serviços militares possuem um treinamento rigoroso e armas igualmente ou mais letais. Então, por que os fuzileiros navais dos Estados Unidos são muito superiores a todos?

> A verdade encontra-se no próprio fuzileiro naval. Ele (ou ela) não entrou para o Corpo de Fuzileiros Navais. Aproximadamente 40 mil pessoas tentam todos os anos. Aqueles que sobreviveram à prova árdua do treinamento básico tiveram sua mente e seu corpo esculpidos. Eles *tornaram-se* fuzileiros navais.

> Depois que *mereceu o título* e entrou na Fraternidade dos Fuzileiros Navais, um novo guerreiro deve absorver o legado de sua corporação. É aí que sua força reside. Por outro lado, a força da corporação reside no fuzileiro naval individual. O *caráter* (frequentemente definido como "aquilo que você é no escuro") desses guerreiros é definido pelos três valores constituintes da Corporação: honra, coragem e compromisso.

Honra: A honra exige que cada fuzileiro naval seja exemplo do padrão supremo em termos de conduta ética e moral. A honra é feita de muitas coisas; a honra exige muitas coisas. Um fuzileiro naval dos Estados Unidos nunca deve mentir, nunca trapacear, nunca roubar, mas isso não basta. Exige-se muito mais. Cada fuzileiro naval deve ater-se a um código intransigente de *integridade pessoal*, tornando-o responsável por suas ações e responsabilizando os outros pelas suas. E, acima de tudo, a honra manda que um fuzileiro naval nunca macule a reputação de sua Corporação.

Coragem: Simplificando, a coragem é a honra em ação — e mais. Coragem é força moral, a vontade de obedecer à voz interior da consciência, a vontade de fazer o que é certo, independentemente da conduta de outrem. É disciplina mental, aderência a um padrão superior. Coragem significa a prontidão em defender o que é certo diante de adversidades. Essa coragem sustentou os fuzileiros navais durante o caos, os perigos e as durezas do combate, ao longo de toda a história da Corporação. E a cada dia possibilita a cada fuzileiro naval olhar no espelho — e sorrir.

Compromisso: Dedicação total à Corporação e ao país. Entusiástico trabalho em equipe dos fuzileiros navais. Um por todos, todos por um. Seja qual for o nome ou clichê adotado, compromisso é a combinação de (1) determinação abnegada e (2) uma dedicação incondicional à excelência. Fuzileiros navais nunca desistem, nunca cedem, nunca aceitam voluntariamente não os melhores. A excelência é sempre o objetivo. E quando concluem seus dias de serviço ativo, os fuzileiros navais permanecem fuzileiros navais na reserva, fuzileiros navais reformados ou fuzileiros navais veteranos. Não existe um ex-fuzileiro naval ou um antigo fuzileiro naval. Uma vez fuzileiro naval, sempre fuzileiro naval. Compromisso nunca morre.

Os três valores da Corporação: honra, coragem, compromisso. Eles formam o fundamento do caráter de cada fuzileiro naval. Eles constituem a fundação dessa Corporação. Esses três valores, transmitidos de geração para geração, fizeram dos Fuzileiros Navais dos Estados Unidos a Elite dos Guerreiros. O Corpo de Fuzileiros Navais dos Estados Unidos é a força de combate mais respeitada e reverenciada na Terra.[12]

Lava não possui esse treinamento. Mas é bom você acreditar que ele tem caráter. Ele foi incrivelmente valente e continuou a impressionar-me com sua vontade de sobreviver. Sei que ele ficou aterrorizado a partir do momento em que viu os fuzileiros navais norte-americanos pela primeira vez até o momento em que entrou naquele avião rumo aos Estados Unidos. Ele conheceu o medo na noite em que o encontrei pela primeira vez no posto de comando dos Cães da Lava em Faluja, quando, sem pensar, chutei-o e ele saiu voando pelo chão, depois de ter mastigado os cadarços das minhas botas. Pude ver isso em seus olhos, tão claro quanto a luz do dia. Contudo, ele demonstrou ter tanta coragem quanto dois quilos de vira-lata mordido de pulgas poderiam possivelmente ter e avançou de volta para mim, cheio de si e de sua obstinação de filhote.

Afinal, é isso o que nos ensinam, não é? Reunir coragem diante da adversidade. Não deixar que o medo tome conta de nós. Os combatentes vivem com medo constante, porém nós não — devemos/podemos/por medo do ridículo/todas as respostas acima — admitimos esse fato. A ironia é espantosa. Em vez disso, damos mostras de coragem, que é meramente a capacidade de enfrentar e vencer nossos medos. Sim, há pessoas realmente valentes no mundo, mas não me considero uma delas. Tenho convicções, e a coragem de minhas convicções possibilita-me vencer meus medos e agir de uma forma corajosa, sem passar vexame em combate. Pois é, não é viril sentir medo. *Homens não choram*, dizem-nos. Estou aqui para dizer-lhe que isso é *babaquice*!

Estou preocupado com meus companheiros veteranos. Estou aflito porque a maior parte dos homens ao lado de quem eu lutei tem medo de revelar suas fraquezas. Até a força-tarefa do departamento da Defesa está preocupada, chegando a declarar, em 2007:

> Os custos do serviço militar são substanciais. Muitos custos aparecem imediatamente; outros são menos aparentes, porém não menos importantes. Dentre as consequências mais difusas e potencialmente mais incapacitantes desses custos está a ameaça à saúde psicológica das forças de combate de nossa nação, de suas famílias e de seus sobreviventes.

É inevitável que uma guerra como a do Iraque tenha repercussões. Seria falta de coragem admitir que você não gosta de limpar o cérebro de outro homem de suas botas? Você estaria faltando ao seu compromisso ao se recusar a assistir a uma palestra sobre saúde mental e, em vez disso, escolher rumar para uma taverna local com a garota sexy que você namorou no colégio? Somos ensinados a nos preocuparmos mais com nosso coletivo — na realidade, mais com o bem-estar do grupo — do que conosco. A Elite dos Guerreiros está lutando guerras individuais nos dias de hoje; seja em cidades desoladas do interior no Meio-Oeste, seja em cidades anônimas espalhadas pelo país, homens e mulheres estão sozinhos e relutantes em falar a esse respeito. Eu posso compreender isso.

Admito que senti muito medo, e não era apenas medo de falhar com os fuzileiros navais a quem eu havia prometido que Lava teria um lar nos Estados Unidos. Transformou-se num medo mais específico de faltar a Lava. Afinal eu:

1. Removera-o da cidade de Faluja (O que teria acontecido se eu o tivesse deixado ali para sofrer o mesmo destino de tantos outros cães e gatos errantes ou selvagens?)
2. Levara-o até Camp Faluja, a base dos fuzileiros navais localizada a 7 quilômetros da cidade. (O que teria acontecido caso não tivesse ninguém ali para cuidar dele?)
3. Deixara-o nas mãos do pequeno destacamento da segurança pessoal do general em comando, confiando-lhe sua vida. (Os contratados pelo departamento da Defesa para livrar as bases de animais não desejados e não-militares conseguiriam pegá-lo antes que os fuzileiros navais pudessem tirá-lo secretamente dali?)
4. Arranjara sua transferência de Camp Faluja para Bagdá, onde ele iria viver com Anne Garrels no complexo da NPR, a Rádio Pública Nacional. (O que aconteceria se os fuzileiros navais encontrassem com o inimigo durante sua viagem a Bagdá e tivessem que abandonar Lava?)
5. Fizera uma tentativa de "exfiltração" pela fronteira jordaniana na traseira do Chevrolet Suburban de um mensageiro. (O que aconteceria se o motorista, que estava tão aterrorizado por Lava, decidisse que era mais fácil simplesmente abandoná-lo na beira da estrada e receber seu dinheiro, alegando que os jordanianos haviam confiscado e matado o vira-lata?)
6. Deixara o Iraque no fim de meu tempo de serviço sem Lava, que permaneceu em Bagdá, com um destino incerto. (Acabaria chegando aos Estados Unidos? As pessoas que cuidavam dele se cansariam de ajudá-lo?)

Por que é que eu sentia tanto medo e angústia em relação ao destino de um cão? Quero dizer, ele era apenas um cão e eu estava claramente infringindo o regulamento até mesmo ao dar a esse vira-lata um MRE*, quanto mais tentando arranjar-lhe uma passagem segura para os Estados Unidos. Será que era porque eu realmente acreditava que havia uma chance de salvá-lo? Que, embora evidentemente eu não fosse salvar todos os homens, mulheres e crianças daquela terra desolada, certamente manteria a promessa feita aos meus homens e a esse cachorro porque *eu achava que realmente podia fazê-lo*?

Pois é, era mais ou menos isso. E não somente isso, mas, naquela altura da guerra, eu imaginava que era muito mais provável que Lava tirasse alguma vantagem de ser salvo do que qualquer dos iraquianos que eu havia encontrado. Naquela primeira vez em que Lava rastejou para dentro de meu saco de dormir para ficar comigo e que o segurei enquanto ele olhava para mim com aqueles olhos de guaxinim e lambia meu rosto, foi então e ali que ele me conquistou. Se *eu* ainda não sabia que faria tudo o que pudesse para salvá-lo, acho que Lava, de alguma maneira, já tinha certeza disso.

Lava conquistou meu coração e minha mente. Ele era, então, parte importante de minha vida, e não apenas pelo que simbolizava — o coração e a mente, a humanidade de todos nós, iraquianos, americanos, todo o mundo — mas pelo que ele chegara a significar para mim, e pela pura alegria e fuga que me proporcionava naqueles brevíssimos momentos que passávamos juntos. Os iraquianos não haviam se apaixonado por nós; na maior parte do tempo, sequer pareciam nos querer ali. Com Lava, era diferente. Ele ficava sempre tão feliz em me ver quanto eu ficava de vê-lo.

Acho que agora falo sobre minhas emoções porque Lava me mostrou que parte de minha *integridade pessoal* é ser fiel a esses sentimentos. Eles

---

* Meal Ready-to-Eat, a ração militar norte-americana. (*N. da E.*)

existem. O medo existe. A raiva está aí. Tristeza. Sim. Sua amizade e o amor de minha família ajudam a aliviar a intensidade, mas tudo está ali, sob a superfície. Estou trabalhando para assegurar-me que haja alguma saída de tempos em tempos. Parte disso consiste simplesmente em me permitir ter sentimentos. O Corpo de Fuzileiros Navais bem pode ter-me transformado numa eficiente máquina de matar, mas não me tirou o coração.

Nem meu cachorro.

Nunca tive um ataque de pânico nem desmaiei de medo. Não, nunca me caguei, a despeito dos olhares secretamente divertidos com os quais as pessoas me fazem esta pergunta. Em *Despachos do front*, seu clássico livro sobre o Vietnã, Michael Herr acerta na mosca com a cena do curioso que formula suas clássicas perguntas a um monte de soldados da infantaria:

"E quando um homem é atingido nas bolas?", perguntou o jovem rapaz, como se fosse a pergunta que ele realmente quis fazer o tempo inteiro, e chegou tão perto de cometer naquela sala uma infração contra o bom gosto, constrangimento geral...

Não, eu não tive sintomas físicos, mas pode apostar que minha mente estava a mil antes do combate. O perigo iminente de artefatos explosivos improvisados, de morteiros inimigos, ou de um franco-atirador me tirando a vida de uma maneira terrivelmente dolorosa, os meus membros sendo arrancados do meu corpo, ou minha cabeça pulverizada num spray explosivo do proverbial vapor rosa, me assombravam. Eu nunca mais poderia voltar a ver o oceano, surfar ou fumar um charuto com meu melhor amigo Eric. Medo de regressar com membros faltando — quem é que me amaria assim? Furor ao pensamento de que isso pudesse acontecer comigo. Tristeza com o pensamento da dor que meus pais sentiriam caso eu não voltasse. Minha mandíbula fica tensa só em pensar no que poderia ter acontecido com Lava depois que o deixei com os fuzileiros navais do pequeno destacamento da segurança pessoal do general em comando, na noite em que voei para Balad, e, então, novamente na noite em que parti para a fronteira síria.

Eu não tinha controle algum sobre se Lava ia viver ou morrer. Não podia protegê-lo ou salvá-lo fisicamente. Eu não conseguia lidar com isso. Veja bem, tenho o que os psicólogos chamam de personalidade do tipo A (minha mulher chama-a de *desordem* de personalidade do tipo A) e, assim, sou propenso a ser impaciente, excessivamente preocupado com a hora, inseguro sobre minha condição, extremamente competitivo, hostil, agressivo e incapaz de relaxar. Mas, chega de falar de mim. O quê, há mais para dizer? Os indivíduos do tipo A são, frequentemente, workaholic de alto rendimento (mas não frequentamos as reuniões dos 12 passos), que realizam múltiplas tarefas ao mesmo tempo, enlouquecem com prazos e se irritam com qualquer atraso. (*Qual o motivo de tanta demora para aprontar aquele café com leite sem-gordura-sem-nata-com-adição-de-soja e extraquente em copo grande?* Espere, isso não é tipo A, é tipo B de babaca.) Isso nem é algo tão mal assim, né?

Mas que tal esta última parte? As pessoas com personalidade de tipo A não são incapazes de mostrar amor, afeto ou outros tipos de comportamento não pessimista. Ah, isso não é nada mal. Está vendo, no fim das contas, sou humano. Bem, pelo menos no que diz respeito a Lava e à minha família. Contudo, por causa de minha personalidade do tipo A, sou incapaz de responder adequadamente ao medo que sinto pela segurança de Lava, porque careço das ferramentas apropriadas (este não é o jargão politicamente correto e popular nos dias de hoje? — ou deveria simplesmente chegar e dizer *Sou emocionalmente inapto*?).

Não é fácil. Gosto de reprimir meu medo e não deixar ninguém percebê-lo. Sou mestre em escondê-lo e apresentar uma atitude fria e dura, impenetrável até para balas de urânio empobrecido que perfuram blindagens. *Nada pode me derrubar e não há o que me faça deixar qualquer pessoa ou qualquer coisa penetrar essa couraça protetora que construí para mim. Mas que saco, isso é guerra, e guerra é um inferno* etc. etc. etc. Eu realmente sei jogar esse jogo, e sou bom nisso. Contudo, Lava nunca se intimidou com essa fachada.

Mas, de alguma maneira, depois de eu ter guardado todas as minhas preocupações com Lava trancadas dentro de mim por dias, semanas, meses, durante sua longa jornada para os Estados Unidos (não foi uma viagem fácil para ele, e houve vezes em que quase não sobreviveu até sua próxima ração [12 horas num carro durante uma viagem até a fronteira jordaniana, onde lhe negaram a entrada; outra viagem pela avenida dos artefatos explosivos, que é a estrada de Bagdá até o Aeroporto Internacional de Bagdá; e ainda passando pela alfândega jordaniana com um falso passaporte internacional para animais]), quando recebi o telefonema de John Van Zante, do Centro Helen Woodward para Animais, que voara para Chicago para receber o avião em que Lava chegou aos Estados Unidos, e meu cão finalmente pôs suas patas em solo americano... O fato de eu ter desligado o telefone e chorado como uma criancinha pela primeira e única vez na minha vida adulta me torna fraco? Acho que vocês, machões — que nunca tiveram de lutar pelas suas vidas, que tiranizavam seus colegas mais fracos no colégio —, podem dizer que sim se quiserem. Se isso fizer vocês se sentirem melhor consigo mesmos e com sua própria insegurança.

Não era apenas por Lava que eu estava chorando. Vejo agora que era minha maneira de desafogar a dor e a ansiedade que havia tentado tanto suprimir. Era a liberação de tudo o que eu havia acumulado dentro de mim por seis meses e meio, sem querer expor minha sensibilidade como um sinal de fraqueza para comigo, meus fuzileiros navais e os iraquianos que lideramos em Faluja. Era a tristeza que eu finalmente me permitia sentir pelos jovens fuzileiros navais que vi feridos ou mortos em combate antes mesmo que tivessem a oportunidade de uma vida real, uma vida que eu tenho hoje, repleta de felicidade e encantamento pelo milagre da vida incorporado no meu filho de 1 ano de idade.

∾

Agora meus medos não são mais sobre coisas que vão matar a mim ou ao meu melhor amigo, mas não são menos importantes. Preocupo-me — tenho medo — com não dar o exemplo correto de marido e pai para meus filhos se espelharem, com que minha esposa pare de me amar, com não ganhar dinheiro suficiente para cuidar de minha família, com não ser capaz de poder bancar um dia a universidade que meu filho escolher, com que meus livros não vendam. Essas são preocupações legítimas e reais, mas dificilmente poderiam ser consideradas fatais.

Estou me esforçando para ser o melhor marido e pai possível para minha esposa e meus filhos. Dou duro para dar o exemplo aos meus meninos do que um homem pode e deveria ser. Você tem de lutar pelo que acredita, ter confiança em si mesmo e tratar os outros com justiça — e, quando necessário, com firmeza. Ensino-lhes a agir com honra e dignidade, e a defender os mais fracos. Ensino-lhes essas coisas para que, quando se encontrarem em situações amedrontadoras — independentemente de ser uma aranha rastejando em suas mãos no escuro ou um combate numa terra estrangeira —, tenham meios para lidar com seus medos e enfrentá-los. Espero poder lhes transmitir as lições que aprendi sobre honra, coragem e compromisso. Que cada pessoa tem de encontrar sua própria definição dessas coisas e ater-se a ela. Que fazer a coisa certa é mais importante que seguir cegamente os regulamentos.

Por fim, tento fazer o melhor possível para ensinar-lhes que não faz mal assumir que sentem medo.

Prezado tenente-coronel Kopelman,

Recentemente, terminei de ler De Bagdá, *com muito amor. Trata-se de um relato notável de muitas pessoas dos dois lados do muro, por assim dizer, que puseram de lado a segurança pessoal, o conforto, os regulamentos e as considerações de ordem financeira para garantir que esse filhote maroto, Lava, pudesse por fim curtir uma vida despreocupada nos Estados Unidos.*

Muitas vezes durante a narrativa, você parecia estar desculpando-se pela fraqueza de ser uma pessoa generosa e compassiva, por acreditar que deveria ser o exemplo típico do oficial insensível, duro e desumano dos fuzileiros navais dos Estados Unidos. Minha avaliação é que esse tipo de conduta não demonstrou fraqueza, mas, na realidade, uma força raramente vista no mundo de hoje.

Fiquei particularmente atraído pela história de Lava porque sou um veterano da Segunda Guerra Mundial, de 84 anos de idade, e também porque resgatei um filhote de pastor alemão e a trouxe para casa no fim da guerra. Ela (batizei-a de Dusty) tinha entre 6 e 8 semanas quando a encontrei correndo solta pelas ruas na Alemanha, com fome e amedrontada, mantive-a e cuidei dela, e com alguma dificuldade (mas certamente nada comparado com as suas em relação a Lava) consegui trazê-la para minha casa em Michigan.

Dusty foi entregue aos meus pais na minha casa em Lansing, Michigan, aproximadamente uma semana e meia antes de eu chegar em casa, depois de ser desmobilizado; havíamos estado separados por cerca de dois meses. Portanto, compreendo sua experiência quando você reencontrou Lava em San Diego. Eu havia chegado em Lansing de trem por volta das 2 horas e cheguei em casa às 3. Dusty estava no nosso quintal, no engradado com que fora despachada e que meus pais usaram como canil. Quando ela ouviu o assovio com o qual eu costumava chamá-la, fez tanto estardalhaço que todos os vizinhos em volta souberam que eu havia chegado. Naquela época, sendo muito mais jovem que você, não tive problema em mostrar minhas emoções com o reencontro e eu não estava nem aí por quem presenciasse minhas lágrimas e meu amor por Dusty.

Envio meus agradecimentos e carinho a todos que ajudaram a resgatar Lava: os generosos e corajosos Cães da Lava, Sam e outros iraquianos que "passaram dos limites" para se juntar ao esforço geral, Anne e todos aqueles nos Estados Unidos que negligenciaram suas rotinas diárias para tornar Lava sua prioridade.

Atenciosamente,

Robert L. "Robbie" Robinson
Técnico, Oitava Divisão Blindada, Nono Exército

CAPÍTULO 7

Como a rotina de conservar-se vivo
pode manter a sanidade

*"A seguir há um breve resumo da rotina regular: às 5 horas toca-se
a alvorada, as várias companhias são formadas e os primeiros
sargentos fazem a chamada. Às 5h30 são realizados os exercícios da
companhia. Esses exercícios são muito severos e duram uma hora.
Às 7 horas, o batalhão marcha para o rancho, para o
café da manhã, quando 250 indivíduos com fome mandam
rapidamente para dentro 'boi ralado' e pão... "*

— "ATIVIDADES EM WEST POINT", *THE NEW YORK
TIMES*, 4 DE AGOSTO DE 1860

O MEDO E O TÉDIO SÃO OS MAIORES INIMIGOS DO GUERREIRO. Meu cãozinho
ajudava a manter ambos longe enquanto eu estava lutando no Iraque. Lava
precisava que fôssemos responsáveis e fortes para ele. Quando ele tremia
(e mesmo quando estava disfarçando), eu sabia que estava apavorado. Xixi
no chão era batata. Tomar conta dele era algo que podíamos fazer acima e
além de proteger nosso país e uns aos outros, arriscando a vida — com uma
morte despropositada — no processo. Significava alimentá-lo e prestar
atenção que ele não rastejasse por baixo do portão e se perdesse entre os

103

outros animais desalmados que faziam qualquer coisa necessária para sobreviver no deserto de Faluja.

Agora tenho mulher e dois filhos para me manter ocupado, mas Lava ainda consegue me divertir e me botar na linha. É a melhor maneira que conheço para manter os demônios longe. Isto e exercício físico.

Cães gostam de rotina. Os fuzileiros navais também.

Os fuzileiros navais adaptam-se facilmente e tornam-se parte de uma rotina. No treinamento de recrutamento e na escola de candidatos a oficiais, somos doutrinados numa rotina diária que raramente varia. Você sabe que vai acordar em determinado horário. Vai comer aproximadamente no mesmo horário todos os dias. Irá para a cama na mesma hora toda noite. Assim, a rotina é impressa no nosso DNA militar desde cedo e permanece conosco durante toda a carreira. Não é algo que leve à complacência ou ao tédio. Na realidade, a rotina é uma maneira de fazer com que nos acostumemos a uma atividade repetitiva sem que a complacência se instaure. Diz — com ou sem despertador — quando é hora de levantar a bunda dos catres e começar o dia.

Quando se é militar, não é necessário se submeter aos mesmos serviços que a maior parte dos civis. Mas você tem de prestar atenção aos detalhes, porque uma falha nesse sentido poderia acarretar graves ferimentos corporais ou morte para si próprio ou, pior, para os seus companheiros de pelotão.

Trabalha-se as horas que ordenam (o que significa trabalhar até que o serviço esteja feito, mesmo que isso some 24 horas ininterruptas ou mais), realiza-se as tarefas que são atribuídas, vive-se onde determinam viver, e você se desloca para onde e quando lhe for ordenado. E não há a preocupação com que roupa vai usar para trabalhar — até isso são eles que resolvem. Isso pode ser difícil para um civil entender, mas a rotina rígida, na verdade, o libera para se concentrar na coisa mais importante — as necessidades de seus fuzileiros navais, a Corporação, como um todo, e o país. E eu quero morrer sabendo que cumpri minha parte, deixar minha família orgulhosa de mim por isso. Autodisciplina, sacrifício, lealdade e obediência são os baluartes da vida de um fuzileiro naval. Você começa a aprender isso no campo de treinamento de recruta e, se conseguir concluí-lo — muitos recrutas e candidatos a oficial não conseguem —, aprenderá o valor de uma rotina rígida e do controle absoluto. O campo de treinamento de recrutas dos fuzileiros navais é o treinamento básico mais desafiador que o de qualquer outro ramo das Forças Armadas.

Quando um garoto decide tornar-se fuzileiro naval, ele procura um recrutador, que normalmente lhe dirá que ele não possui as qualidades necessárias. Ele somente promoverá o garoto a *poolee* (nome dado a quem aguarda para ir ao campo de treinamento de recrutas) depois que este provar sua dedicação incansável para com a Corporação. Não existe bônus de indicação, como há no Exército e na Marinha. O bônus é que você consegue tornar-se fuzileiro naval se suportar os rigores do campo de treinamento de recrutas, cujas exigências físicas e intelectuais (se é que esta palavra se aplica aqui) são superiores para os recrutas dos fuzileiros navais do que para os de outros serviços. Considere o teste de aptidão física: no Exército, eles correm 3,3 quilômetros; os fuzileiros navais correm 4,8. Isto já diz muito. (Deixando de lado a Marinha, para a qual só se deve correr 2,4 quilômetros, tendo a opção de nadar; ou a Força Aérea, em que, se você não está autorizado clinicamente a correr, pode fazer bicicleta ergométrica.) Os programas de treinamento em cada área militar são concebidos científica e psicologicamente para destruir o civil e construir do zero um orgulhoso, dedicado e fisicamente apto membro das Forças Armadas dos Estados Unidos. Você fica tão acostumado a ser disciplinado, na verdade, que pode ser extremamente difícil voltar à vida diária menos estruturada que a maior parte dos civis vive.

Desde os primeiros dias no campo de treinamento de recrutas você descobre que há um plano para tudo, que tudo é feito pelas regras — desde o simples processo de lavar os utensílios de cozinha até colocar sua máscara de gás em campo.

Aqui estão as diretivas para "Limpar Equipamentos de Rancho Individuais":

1. **EQUIPAMENTO NECESSÁRIO.** Quatro latões ou similares, posicionados numa fila, são necessários para lavar o equipamento de rancho. O primeiro pode conter água quente ensaboada e é utilizado como pré-lavagem; o segundo pode conter água quente ensaboada (a 66°C), para uma segunda lavagem; e o terceiro e quarto latões podem conter água limpa que é mantida fervida por toda a duração do trabalho. Também são necessárias escovas de cabo comprido e uma lata de lixo ou uma cova. Latões adicionais podem ser utilizados para lixo e sobras.

2. **PROCEDIMENTOS PARA LIMPAR EQUIPAMENTO DE RANCHO**

    A. Raspar as partículas de alimento dos utensílios para comer na lata de lixo.

    B. Usando a escova de cabo comprido fornecida, lavar os utensílios para comer no primeiro recipiente de água quente ensaboada.

    C. Usando a escova de cabo comprido fornecida, lavar os utensílios para comer no segundo recipiente de água quente ensaboada.

    D. Imergir os utensílios para comer no primeiro recipiente de água limpa fervente durante aproximadamente 30 segundos.

    E. Imergir os utensílios para comer no segundo recipiente de água limpa fervente durante aproximadamente 30 segundos.

F. Sacudir utensílios usados em refeições para remover o excesso de água. Conferir para se assegurar que os utensílios estejam limpos. Caso contrário, repetir o ciclo de lavagem.

G. Deixar secar ao ar livre.

No fim, há meu procedimento predileto: pôr a máscara de gás, cuja descrição integral forneço adiante. Quando tiver seguido todas as etapas, você terá desmaiado por falta de oxigênio, tendo segurado a respiração por dois minutos, enquanto seu batimento cardíaco aumenta, sua noção de urgência se eleva e os pensamentos de ferimentos terrivelmente deformantes surgindo em seu corpo enchem sua mente. Você se ferra enquanto o instrutor NBQ (nuclear, biológico e químico) continua gritando "Gás, gás, gás!". Ou, pior ainda, quando o gás realmente estiver caindo de um míssil Scud no meio do deserto.

Percebi finalmente a graça de tudo isso justamente durante um exercício no Kuwait, antes da invasão ao Iraque, em março de 2003. Testemunhei elementos de comando dos fuzileiros navais da Unidade Expedicionária dos Fuzileiros Navais — muitos dos quais só eram fuzileiros navais no uniforme e no treinamento; a única contribuição que a maior parte dentre eles deu ao esforço de guerra foi bolar um nome tático para nossa unidade — agindo como um monte de macacos, enquanto uns sobre os outros se esforçavam para pôr a máscara ao mesmo tempo em que se precipitavam, cheios de terror, para os abrigos contra Scuds. Foi um "salve-se quem puder" em que cada fuzileiro tentava ser o primeiro a sair de nossas tendas para chegar à segurança dos *bunkers* de concreto circundados por sacos de areia, todos convencidos de que iriam morrer sem as máscaras nesse fim de mundo, sufocando e asfixiando num gás venenoso e letal ou outro, sofrendo convulsão pelo chão numa versão daquilo que gostávamos de chamar de galinha apavorada.

Essa foi uma das poucas vezes em que cheguei a testemunhar a liderança no front com os oficiais mais graduados do comando dando as ordens, tirando os homens alistados do seu caminho rigidamente, parecendo mais com estátuas do Heisman Trophy* do que oficiais dos fuzileiros navais.

Por fim, o comando decidiu-se pelo apelido Força-tarefa, porque o oficial no comando era de Nova York e era fã dos Yankees. Imagine as piadas. Podiam ser lidas nas paredes da latrina: FORA FORÇA-TAREFA YANKEE! FT YANKEE PUNHETEIRA!

Mas estou me desviando do assunto.

PREPARE-SE PARA USAR A MÁSCARA PROTETORA CONTRA GÁS.

Ao ouvir ou ver o alarme de gás:

a. Pare de respirar. (*Pois é, claro. Agora que você está prestes a morrer após muito sofrimento e sua adrenalina está a mil, você vai parar de respirar.*)

b. Retire a proteção para a cabeça com sua mão direita e abra o carregador com sua mão esquerda. Posicione essa proteção conforme as instruções. (*Nem pense em fazer de outra forma.*)

c. Com a mão esquerda, mantenha o carregador aberto, agarre o dispositivo para cobrir o rosto logo abaixo do dispositivo para cobrir os olhos e remova a máscara com a mão direita. (*O que acontece, na realidade, é que você deixa cair sua proteção para a cabeça no chão, quer dizer, na coberta.*)

d. Agarre o dispositivo para cobrir o rosto com as duas mãos, fazendo deslizar seus polegares para cima por dentro do dispositivo para cobrir o rosto, sob as tiras de fixação inferiores do equipamento para a cabeça. Levante ligeiramente seu queixo. (*Raios, simplesmente enfie essa porcaria na cara!*)

---

* Prêmio anual oferecido ao melhor jogador de futebol americano universitário. (*N. da E.*)

e. Posicione firmemente a concavidade para o queixo. Puxe suavemente o equipamento para a cabeça, assegurando-se que as tiras de fixação do equipamento estejam retas e o acolchoado da cabeça esteja centrado.

f. Alise as beiras do dispositivo para cobrir o rosto sobre seu rosto com movimentos das mãos de baixo para cima e para trás, pressionando para remover todas as saliências e garantir estanqueidade.

g. Feche a válvula de saída colocando firmemente a palma da sua mão direita em concha sobre a abertura; sopre com força para tirar o agente do dispositivo para cobrir o rosto.

h. Tape os orifícios de entrada de ar dos elementos filtrantes, cortando o abastecimento de ar. Quando você inalar, o dispositivo para cobrir o rosto deve murchar.

i. Volte a respirar (dê o alarme).

Você já entendeu o drama. De fato — pelo menos no campo de treinamento de recrutas do Corpo de Fuzileiros Navais e na escola para candidatos a oficiais —, aprender a nova rotina é muito difícil, especialmente quando um instrutor de treinamento ou um sargento coloca uma lata de lixo metálica na sua cabeça e bate nela enquanto grita com você (já vi isso realmente acontecer e garanto que é uma cena que provoca risos no espectador, seja por felicidade de não ser com você, seja pela comicidade de toda a situação). Eles ainda pintam pegadas amarelas no chão para que você saiba aonde ir.

E não é só isso, se você for fuzileiro naval, terá de aprender uma linguagem totalmente nova. Você não vai subir a escada, vai para "o lado superior". Você não desce escadas, vai "para baixo". Seu catre se transforma num "suporte". A latrina é uma "fonte". O chão é uma "coberta". As paredes são "anteparos". As janelas são "vigias". O teto é "a parte superior".

Sua frente é "proa". Sua bunda é "popa". A esquerda é "bombordo" e a direita é "boreste". Você está pensando que isso tudo soa muito náutico, e é mesmo, porque os fuzileiros navais são parte do departamento da Marinha — o departamento dos homens. Você vive a bordo de um navio rumo a lugar nenhum, mesmo quando sua tenda está localizada nas areias instáveis do deserto. Questionamentos não são bem-vindos.

Causa algum espanto que seja tão difícil regressar para um mundo em que se respeita a opinião de todo mundo? Em que estamos todos "no mesmo nível"? Onde se gastam horas fazendo cera e bebericando vinho? Não é de estranhar que o Corpo de Fuzileiros Navais dos Estados Unidos seja conhecido como "Os Poucos. Os Orgulhosos. Os Fuzileiros Navais". (Um lema que, por acaso, foi imortalizado na recém-criada "Calçada da fama" da Madison Avenue.)

O que estou tentando dizer é que, para os disciplinados fuzileiros navais dos Cães da Lava e do Primeiro Pequeno Destacamento da Segurança Pessoal do General em Comando da Força Expedicionária dos Fuzileiros Navais, Lava era, ao mesmo tempo, uma distração e outra peça a somar na engrenagem, mas que somente nós podíamos salvar.

Posso assegurar-lhe que a rotina de Lava não era algo tedioso e, de alguma forma, eu me envolvi nela tanto quanto todas as outras pessoas no Iraque simplesmente porque era algo que estava ali para ser cuidado e vinha equipado com uma bola felpuda de charme e bravata. A maior parte das transações que fiz para cuidar de Lava no Iraque foi via e-mail (e telefonemas quando podia). Tinha de manter minha promessa aos fuzileiros navais, e diante do fato de que não poderia estar sempre ao lado de Lava, eu precisava garantir que outros estabelecessem uma rotina para ele e cuidassem dele e de sua alimentação.

Acredito firmemente que os fuzileiros navais e os civis que estiveram envolvidos com Lava diariamente achavam que a rotina de alimentar, exercitar e esconder o bichinho fornecia um alívio tremendo a todo o tédio, ansiedade, fastio e medo relacionados ao combate ou à vida numa zona de combate — além de ser a dose certa de distração da rotina de manter-se vivo para ajudá-los a conservar sua sanidade. Tudo isso permitiu que os homens e as mulheres que estavam envolvidos com Lava se mantivessem vivos, sem se *fixarem* nisso. Será que isso faz sentido? Talvez você tivesse de estar lá.

As coisas não são tão diferentes agora, no que diz respeito a mim e a Lava. Ainda preciso me manter ocupado, concentrar-me no futuro em vez do passado. Não me fixar em manter-me vivo (embora os únicos tiros que leve hoje sejam as críticas dos meus livros) ou naquilo por que passei (ainda que minhas experiências não tenham sido tão horrendas quanto as que muitos presenciaram). E Lava? Bem, digamos apenas que estou tentando fazer com que ele siga em frente. A maneira mais fácil de fazer isso é manter uma rotina, tentar evitar surpresas (é um problema que o cara dos correios seja tão imprevisível) e garantir que ele esteja comendo bem, dormindo e fazendo exercícios. Porque, se eu não fizer isso, todo mundo paga o pato.

Talvez o problema de Lava seja que ele nunca tenha participado de uma reunião de prestação de contas após uma missão e, portanto, nunca tenha tido a oportunidade de extravasar e compartilhar suas reações emocionais ao trauma. Pois é, até nossas experiências de ter levado tiros, ter matado ou ter visto o cara ao nosso lado ser morto eram processadas numa rotina precisamente moldada e coordenada no estilo militar.

De acordo com o Exército, a teoria é que esse tipo de prestação de contas eleva o moral e a coesão da unidade e reduzem a "fadiga do combate". Mesmo que um soldado se comporte como alguém que está sofrendo de severo estresse, os militares tentam fazer com que ele retome as rédeas, e pronto. Proximidade—Vizinhança—Expectativa—Simplicidade

(PVES) são restabelecidas: o Exército lida com os problemas (se é que se trata de um "problema" o fato de ver a cabeça de seu melhor amigo ser detonada por um artefato explosivo improvisado) tão rápido quanto possível e da forma mais próxima possível às unidades dos seus homens. Diz-se aos soldados que seus sentimentos são normais e que eles podem esperar voltar às suas unidades em breve. A experiência da batalha e suas consequências são tratadas como uma combinação de um episódio de gripe muito, muito brabo, misturado com uma experiência de ter acabado de ser roubado. E se você acrèditar naquilo que se lê em brochuras do Exército, tudo o que o soldado precisa fazer é descansar bastante, comer e falar sobre o ocorrido.

Não temos tempo para isso no Corpo de Fuzileiros Navais (somos poucos e ocupados demais), mas o Exército arranja tempo para seu pessoal. Tenho de reconhecer esse mérito: uma coisa que o Exército faz melhor que a Corporação é a terapia da delicadeza. (A Operação Consolo, um programa que o Exército desenvolveu para ajudar o pessoal do Pentágono e suas famílias a lidar com a experiência e o trauma associado aos ataques de 11 de Setembro, está baseada em PVES.)

Lava possui sua própria forma de PVES, que você e eu chamaríamos de "exorcizar os demônios malhando", realizada por meio de exercícios intensos e puxados. Lava sempre parece estar no auge da felicidade quando está brincando a valer no parque ou correndo com minha mulher. Ele se concentra através do esforço físico e sua mente não fica vagando ou tirando conclusões sobre tudo. Certamente, o exercício tem me ajudado. Independentemente de eu estar esquiando, surfando ou andando de bicicleta, acho que a concentração exigida ajuda a bloquear qualquer distração ou pensamento negativo. Não há nada nem remotamente associado a Faluja ou ao Iraque no meu cérebro quando estou numa onda ou esquiando numa descida com obstáculos, enchendo os pulmões com o ar frio e revigorante das montanhas. Sinto-me inteiramente transportado para outro lugar, finalmente livre para abandonar meu fardo e esquecer os demônios que me perseguem à noite.

Remar até o local predileto para surfar com minha mulher apaga todas as preocupações, e mesmo que haja cinquenta outros surfistas disputando para pegar a mesma onda... é como se eles sequer existissem. Penso na onda e observo as sequências se aproximando, imaginando se ela também vai pegar aquela, e então, de repente, a onda chega e estou em cima dela, e é isso que importa.

Do mesmo modo, quando estou competindo com minha bicicleta, e meu corpo e meu cérebro encontram-se no limiar da carência de oxigênio, tudo o que posso fazer é aguentar e não bater a mais de 50 quilômetros por hora. O barato é incrível, embriagante, pedalando a poucos centímetros de distância de ciclistas à minha esquerda e direita, à minha frente e atrás. A endorfina é liberada, o corpo fica tenso, os sentidos despertam e meu desempenho chega ao auge de minha capacidade física. Não tenho tempo de pensar o que teria acontecido se aquele foguete tivesse explodido 15 metros mais perto. Se você pensar que quase morreu no Iraque enquanto estiver correndo de bicicleta a uma velocidade tão estúpida durante uma prova na Califórnia, certamente vai cair e levar vários membros de sua equipe e de seus adversários com você. É algo que exige sua completa atenção e respeito pela velocidade do pelotão, a proximidade dos outros ciclistas e a densidade do asfalto em que pedala.

Lava pode não se beneficiar de todas essas variadas atividades físicas, mas tenho certeza que ele encontra o mesmo barato em "dominar" (pulando por cima) os golden retrievers da vizinhança.

Rotina, distração, fuga, chame isso como quiser. Infelizmente, nem sempre funciona tão bem quanto eu gostaria. Ainda sou capaz de explodir à menor provocação, especialmente quando sou pego de surpresa. Veja o que aconteceu outra noite. Fiz um verdadeiro papelão. Fui injustamente duro com meu enteado quando ele respondeu a uma simples pergunta de sim ou não em um tom de voz que eu interpretei como sendo frustrado, impaciente e desrespeitoso. Provavelmente, não era nada disso, e um homem adulto deveria ser capaz de relevar essas coisas.

Havia acabado uma grande sessão de treinamento *indoors* com alguns colegas de minha equipe de ciclismo e estava me sentindo muito bem. Mas, quando eu estava subindo nossa rua de carro (moramos numa rua de mão única), algum cretino vinha descendo por ela na contramão. Isso acontece constantemente, e com tantas crianças pequenas, cachorros e gatos pela rua, é um problema sério. As crianças não olham nem esperam que haja carros vindo na direção errada.

Então, fechei seu caminho. O babaca guinou para uma entrada de garagem. Pensei que ele fosse sair do carro para entrar na casa, momento em que eu poderia explicar educadamente os perigos de descer nossa rua na contramão. Em vez disso, ele me esperou estacionar e então se mandou. Tentei atravessar seu caminho, mas ele estava indo depressa demais, e quando gritei, ele buzinou. Na verdade, não é algo de muita importância, mas era quase 9 horas da noite, e as pessoas não querem esse tipo de chateação numa vizinhança que, fora isso, é tranquila. Evidentemente, a essa altura eu estava completamente injuriado pelo fato de esse cara achar que o que ele tinha de fazer e onde ele tinha de ir eram mais importantes do que ter o mais ínfimo respeito pela minha rua e por meus vizinhos, bem como pelas leis de trânsito que existem para cuidar da segurança dos meus filhos e os dos meus vizinhos.

Caso eu estivesse segurando qualquer outra coisa que não o meu celular, teria jogado em seu carro.

Encontrava-me num estado de extrema excitação e aborrecimento quando entrei em casa. Sabia que meu enteado tinha uma tonelada de deveres de casa e a primeira coisa que quis saber era se ele tinha conseguido terminá-los.

— Ei, amigo, você acabou seu trabalho de casa? — perguntei.

— Si-iiiiim — foi a resposta.

Tudo bem, esta é certamente a palavra apropriada nesse caso — bem, uma das duas palavras adequadas —, mas não podia tolerar aquele tom. Quero dizer, quando é que a palavra "sim" se tornou multissilábica? Acho que perdi as estribeiras. Levantei seu queixo com a mão — como ênfase e para garantir que ele me olhasse nos olhos — e, na melhor imitação do meu pai, disse:

— Você nunca, jamais fale novamente neste tom comigo ou com qualquer outro adulto. Estou farto de seu tom desrespeitoso, rapaz, e isso não será tolerado nem mais por um segundo nesta casa. Eu fiz uma pergunta simples que exigia apenas uma resposta simples. Nada mais. Aprenda a refrear sua frustração. Você pode falar com seus amigos dessa maneira, mas não comigo, não com sua mãe e não com seu professor. Está claro?

Sua resposta: choro.

Não há nada de mais doloroso no mundo do que ver seu filho infeliz. A dor multiplica-se exponencialmente quando você foi o causador. Naturalmente, pedi desculpas, mas não podia me livrar da sensação de que eu realmente era um babaca. Ele está com 9 anos de idade. Sua vida devia ser só festa, e aí estava eu fazendo tudo o que podia para estragar tudo. Fiquei para morrer.

Acho que posso pôr a culpa no Land Rover. (Onde foi que você ouviu esta frase antes? Será que minha vida é uma série de trapalhadas destinadas a serem repetidas o tempo inteiro?) Mas de que serviria pôr a culpa em alguém? Aliviaria meu sentimento de culpa? Isso faria meu enteado se sentir melhor? Vou lhe contar: por mais que eu me sentisse mal naquela noite, a manhã seguinte foi ainda pior. Afinal, por mais que eu tivesse sido um escroto com ele, quando o acordei para ir para a aula ele estava um sorriso só. Como se nada tivesse acontecido e fôssemos os melhores amigos de novo. A faca que eu tinha cravada na ferida do meu coração deu pelo menos cinco voltas.

Infelizmente, tenho momentos assim, que eu só posso descrever como explosões. Não sei quando eles vêm, nem por que, simplesmente acontecem. Felizmente, não são violentos — mas são furiosos. Não sei exatamente o que os desencadeia. Mas suspeito que, em grande parte, isso se deva à falta de respeito que tenho para com tantas pessoas e seu modo de desculpar certos erros que cometeram e sua falta de compreensão pelos sacrifícios que meus companheiros fuzileiros navais, soldados, marinheiros e aviadores fizeram pelo bem deste país. Sei que isso não é 100 por cento justo. As pessoas não podem realmente saber disso a meu respeito, especialmente porque vivo num lugar como La Jolla. Elas formam opiniões (por exemplo, os fuzileiros navais são aventureiros machões que podem ganhar de qualquer um em força mas que não tocam num livro há anos). E, para dizer a verdade, algumas das pessoas de quem eu desgosto realmente foram as únicas que fizeram comentários depreciativos sobre meu serviço prestado ao meu país no Dia dos Veteranos passado. Então, de que se trata?

Amo muito meu enteado e só quero o seu bem. Sei que ele tem tido problemas desde o divórcio de seus pais e que preciso dar um tempo para ele. Porém, por mais que eu quisesse impedir minha raiva de vir à tona e tentar suprimi-la, há momentos em que não consigo.

Esse comportamento magoa meu enteado e minha mulher; e também a mim, por saber que lhes causei um momento de ansiedade. E o que é tão importante quanto o resto é saber que não estou dando o exemplo certo. Talvez esta seja a parte mais difícil para mim. Como é que posso dizer aos meus garotos que espero deles que se comportem de uma determinada maneira quando eu lhes dou um exemplo oposto a isso? Fico preocupado que o meu neném, Mattox, desenvolva crenças e ideias erradas em relação a como um homem deve ser. Preocupo-me que veja um homem adulto gritando com um garotinho. Que ele pense que está correto maltratar pessoas que são menores. *Não está certo, Mattox. Quando você é forte, pode se dar ao luxo de ficar calado. Você está ouvindo? Neste caso, faça como eu digo e não como faço.*

Minha mulher me diz que sou uma pessoa maravilhosa, que faço todo mundo muito feliz. Mas acho que sou apenas um velho infeliz, incapaz de retribuir o amor que minha família me dá. Digo-lhe que não vale a pena gastar sequer um grama de emoção em minha pessoa, porque não consigo impedir que minha raiva me domine. Então, o que posso fazer? Não quero perder minha família, viver sem meus filhos, ceder à negatividade que me atormenta todos os dias. Realmente tento fazer o melhor que posso pela minha família, mantê-la segura durante a noite e sustentá-la desde o momento em que Lava inicia o seu *ruu-ruu-ruu* de madrugada. Certifico-me que meu enteado tome um café da manhã saudável e benfazejo todas as manhãs em que ele estiver conosco (acreditem ou não, normalmente faço panquecas, ovos e suco de laranja), e preparo-lhe o almoço todas as manhãs, também, chegando ao ponto de cortar a crosta de seu sanduíche de manteiga de amendoim e geleia, exatamente do jeito que ele gosta. É crucial que eu me lembre de que sou amado e capaz de amar antes que a raiva penetre no meu corpo.

E, então, há Lava, e a maneira como, com tanta frequência, simplesmente perde o juízo, por nenhuma razão aparente. Quando o observo e tento compreender o que está acontecendo com ele, enquanto ele luta com seus demônios interiores, penso que talvez eu possa parar de perder o juízo. Contudo, fico preocupado. E se isso não for o suficiente? E se o medo que admito ter tão confortavelmente for, na verdade, um substituto pela raiva que sinto por ter perdido minha inocência e a veemência com a qual quero salvar meus filhos? O que fazer, então?

Prezado senhor Kopelman,

Olá. Em primeiro lugar gostaria de me apresentar.

Meu nome é Thomas George Martinez, estou escrevendo de Denver, Colorado, e sou soldado especialista do Exército dos Estados Unidos. Para expressar plenamente minhas opiniões sobre o seu livro, gostaria de compartilhar com você uma história minha.

Em março de 2005 fui mobilizado para o Iraque em apoio à Operação Liberdade do Iraque III e fui apontado para uma unidade com a função de escoltar caminhões de armamentos. Minhas estações de serviço incluíam Talil, Scania e Stryker, mas durante meu serviço consegui escoltar caminhões para todas as principais bases no Iraque e em todas elas dormi em tenda.

Por volta do mês de outubro, o estresse de me encontrar numa situação de combate já estava começando a ficar pesado para mim. Naquela época, parte de nossa unidade recebeu instruções de parar as missões dos caminhões de armamentos em Talil e mudar-se para Scania para trabalhar na segurança dos portões.

Por volta da minha terceira semana em Scania, reparei num grupo de crianças iraquianas (o mesmo grupo que eu via regularmente) caminhando por um campo próximo à base com um filhotinho de cão imóvel pendurado num laço como uma espécie de ioiô, algo bem bizarro.

Imediatamente chamei Alex, meu intérprete, e pedi-lhe para chamar as crianças e perguntar-lhes que raios estavam fazendo.

Acabamos descobrindo que elas não sabiam o que fazer com o cachorro em casa, e então estavam levando-o para o campo para acabar com a vida dele. Disse-lhes para entregar-me o cão e voltar para casa. De forma análoga a Lava, Uno (batizada como o jogo de baralho que consumia nosso tempo de folga) foi mergulhada em querosene para despulgá-la, então tomou banho, foi enfeitada, e, para deixar qualquer matilha de lobos com inveja, foi também alimentada com nossa ração.

Essa pequena, fraca e risível tentativa de cão logo transformou-se no meu companheiro mais querido e num dos melhores motivos que eu tinha para me apressar a voltar ao meu posto de guarda.

Ela me fazia sentir mais em casa e confortável do que a maior parte dos acontecimentos sociais que eu vivenciara durante minha mobilização, e não havia nada que eu quisesse mais do que ela sobreviver e vir comigo para os Estados Unidos. Poderia preencher várias páginas com as histórias de minhas desventuras com Uno, e sua memória ainda me faz sorrir.

Infelizmente, minha história não termina tão bem quanto a sua. Um dia, enquanto eu estava de folga, Uno foi vista por um general e executada imediatamente. Pouco depois disso, tornei a me juntar com o restante de minha unidade em Stryker para continuar minha missão original.

Uno representava tudo aquilo de que eu sentia falta por estar longe de casa, e sempre que ela estava por perto, eu deixava de ser um soldado em guerra para ser apenas um cara com seu cão. Numa situação tão tensa e que modifica tanto a vida quanto uma guerra, a distração que Uno constituía para mim era preciosa.

Sua história me ajudou a lembrar de lutas e incidentes similares que vivenciei, porém o mais importante é que me remeteu ao que vivi com minha própria pequena parceira de guerra.

Obrigado por ter sido bem-sucedido em salvar sua própria pequena distração. O fato de que alguém tenha conseguido salvar seu cão me faz sentir melhor em relação à minha história. Muito embora tenhamos visto e tomado parte de coisas horrendas, algo tão simples como um filhote pode nos fazer sentir extremamente humanos.

Estou na situação em que me faltam apenas mais cinco dias para tornar-me novamente civil e qualquer pequena amostra de acerto de contas é preciosa para mim. Sua história é muito boa e desejo a você e a sua família toda a sorte no futuro.

Atenciosamente,

Thomas George Martinez
Soldado Especialista do Exército dos Estados Unidos

CAPÍTULO 8

Você é a soma de suas experiências

"Comparado com a triagem inicial feita quando do retorno da Guerra do Iraque, os soldados norte-americanos relatam maiores problemas de saúde mental e maiores necessidades vários meses após o regresso, devido a problemas como transtorno de estresse pós-traumático e depressão".

JOURNAL OF THE AMERICAN MEDICAL ASSOCIATION (JAMA), em estudo publicado na edição de 14 de novembro de 2007

A ROTINA E O EXERCÍCIO AJUDAM-ME A MANTER A SANIDADE, mas sei que minhas experiências no Iraque me modificaram. Assim que voltei, enquanto Lava estava aguentando uma sessão após outra de treinamento particular, eu ficava simplesmente observando ele e Graham Bloem, que ajudara no primeiro dia de Lava nos Estados Unidos. Graham é um treinador fantástico, que de alguma maneira conseguia fazer Lava ouvi-lo sem jamais ter de levantar a voz. Ele costumava posicionar seu corpo lateralmente formando um ângulo, para parecer menos agressivo. Ele trabalhava naquilo que chamava de "guardar recursos", quando um cão guarda qualquer coisa que ele entende como valioso. Frequentemente, trata-se de comida, mas, com Lava, isso inclui também a mim, e depois Pam, Sean e Mattox. O processo de afastar Lava de suas neuroses correspondia mais ou menos ao que eu imaginava ser uma terapia. Os manuais de treinamento para cães enfatizam sempre a ideia de que os donos devem ser treinados tanto quanto os cães, e eu não acho que Graham pensasse muito diferente disso. A segunda parte é que não acho que eu facilitasse sua tarefa. Uma vez, ele me disse:

— Eu trabalhei com muitos fuzileiros navais e não é fácil dizer para um tenente-coronel como deve tratar seu cão, independentemente de qual seja a situação.

Às vezes, durante o treinamento, eu começava a falar sobre a guerra. Coisas bem detalhadas. Graham estaria ensinando Lava a sentar e ficar sentado, e lá ia eu falar sobre um soldado iraquiano que morrera. Isso o deixava horrorizado. Ele contou para meu editor:

— Ele costumava ficar muito veemente e, às vezes, eu pensava simplesmente: *Você viu coisas que ninguém deveria ter visto.*

Acho que se dependesse dele, ele recomendaria que eu procurasse alguma ajuda. Praticar "sentar" e "ficar", entretanto, soa muito mais fácil do que terapia. Vamos examinar Lava, então?

Desde o início, Lava viveu uma existência frágil, tendo de se virar para prover a própria subsistência em meio ao caos e ao terror do combate à sua volta. Sua necessidade de superproteger começou no Iraque. Quando Lava finalmente conseguiu chegar a Bagdá para viver com Anne Garrels e o pessoal da Rádio Pública Nacional na Zona Vermelha (território dos caras maus), era como se sentisse algum tipo de obrigação pela segurança deles (especialmente de Annie). Ele assumiu para si a responsabilidade não somente de dar o toque de despertar todas as manhãs, mas também de ser o protetor vocal de todos; isto é, ele se levantaria e avançaria à menor provocação, e isso incluía um extenso episódio de ganidos toda santa manhã, durante a mudança de turno da guarda — às 5 horas.

Ele nunca sabia quando ou se voltaria a comer. E quando aparecesse essa oportunidade, qual seria sua refeição? Lembro-me de como ele ficou excitado quando experimentou pela primeira vez o MRE. Entre os seus prediletos estava o Country Captain Chicken with Buttered Noodles [frango caipira com macarrão na manteiga]. Trata-se de uma "torta de frango" reidratada, servida com esse horroroso macarrão ensebado com uma espécie de cobertura de cera que eles tentam fazer passar por manteiga. Você pode aquecer o pacote com um aquecedor especial sem chama: basta acrescentar água e alguma bizarra reação química faz esse saquinho ficar quente. É só inserir dentro do saquinho maior e você fica com seu jantar pelando a 70 graus. Lava não se importava se estivesse frio — ele havia enfrentado a possibilidade de comer a carne fétida de outro cão ou gato ou o rosto de um insurgente recentemente despachado para o além pelas forças da coalizão. Portanto, espaguetes com um pedaço de pão com queijo fundido arrematado por bolo de mirtilos com cerejas devem ter-lhe parecido um banquete digno de um rei.

Ele é um cão, eu sei, então, talvez, um pedaço de carne seja igual a outro. Mas, na verdade, como é que um ser humano pode conformar-se com a ideia de que cães sejam rotineiramente mortos durante a guerra em virtude de uma combinação de delitos que inclui: (1) ser uma fonte de apoio emocional para as tropas; (2) extrair alimento dos corpos de insurgentes mortos e (3) existir? Como é que isso pode estar certo? Quando é que a realidade se torna um pesadelo e quando é que os pesadelos se tornam sua realidade? Acredito que a linha divisória seja muito tênue e facilmente cruzada, basta apenas um pequeno empurrão. Ou pior, está tão completamente obliterada ou obscurecida pela névoa da guerra que você chega a aceitar a vida infernal à qual você foi relegado como sendo normal.

Se tem alguém sofrendo de transtorno de estresse pós-traumático, então esse alguém deve ser Lava. E ele nem pode negá-lo, como a maior parte de nós humanos costuma fazer. Tenho lido um pouco a esse respeito, e o fato é que a maioria dos militares fará qualquer coisa para evitar procurar o serviço médico. Admitir fraqueza é um destino pior que a morte. E, além de tudo isso, você tem de largar a missão. De jeito nenhum. É muito mais fácil você se automedicar com drogas (*receitadas ou à venda sem receita médica*) ou birita. Guerreiros devem lutar, não ficar conversando ou escondendo-se na cama. "WTF"* é a resposta comum ao ouvir que alguém procurou o médico. Na realidade, os pilotos chamam o livro de registro que têm de assinar quando vão ao médico "registro do berreiro". Agora diga-me qual é o combatente americano com sangue correndo nas veias que vai voluntariamente assinar essa coisa?

Lava, por outro lado, não é senão um recipiente vazio aguardando minha análise. E eu decidi. Ele está com o transtorno, e de forma braba. De acordo com Steven R. Lindsay, em *The Handbook of Applied Dog Behavior and Training*:

> O TEPT é precipitado por um imprevisível trauma ameaçador à vida, que pode ou não resultar num ferimento físico real. Os sintomas normais do transtorno em cães incluem alguns ou todos os seguintes: (1) sensibilidade aumentada a sustos (hipervigilância) e mostra de níveis desproporcionais de medo generalizado ou irracional; (2) irritabilidade aumentada e hiperreatividade; (3) tendência a agir de maneira impulsiva e explosiva, associada à responsabilidade afetiva aumentada (mudanças de humor); (4) hiperatividade; (5) tendência a se comportar de modo agressivo à menor provocação; (6) forte

---

* WTF é a contração de "What The Fuck" que seria mais ou menos o equivalente de "Que porra é essa?" em português. (N. da T.)

tendência à fuga e ao isolamento social; (7) falta de sensibilidade normal ao prazer e à dor ou dormência e (8) humor depressivo.

Humm, soa familiar. Vamos olhar para Lava um pouco mais de perto e examinar quais (ou melhor, quantos) desses sintomas ele demonstra ter regularmente, certo? O primeiro "imprevisível trauma ameaçador à vida" está no papo: Faluja, zona de combate, combates sob fogo, bombas e até mesmo um choque quase fatal com um Land Rover nos subúrbios de La Jolla.

E também já mencionei alguns dos comportamentos demasiadamente protetores de Lava e sua tendência a pirar quando ouve o caminhão da FedEx subindo a rua. Mas vamos tomar cada um dos pontos citados individualmente e determinar seu mérito quando situados no contexto do comportamento de Lava:

1. **Sensibilidade aumentada a sustos e níveis desproporcionais de medo generalizado ou irracional:** Certamente, Lava exibe essas características quase diariamente. Um caminhão está na proximidade de nossa porta da frente? Lava fica totalmente alucinado, latindo, com o pelo eriçado, tudo isso. Ele é hipervigilante e apresenta a tendência a ser excessivamente protetor, e sofre daquilo que eu acho que seja um medo completamente irracional do oceano. Ele treme com a perspectiva de estar a 200 metros do oceano — o que não é o ideal, tendo em vista o local onde moramos. Na verdade, não é muito difícil imaginar onde seu medo se originou, mas continuo achando que ele vai perceber que é apenas água.

2. **Irritabilidade aumentada e hiperreatividade:** Os acontecimentos mais efêmeros e corriqueiros — crianças gritando umas com as outras no

parque — podem transformar Lava num lunático absolutamente doido e furioso. Já disse tudo.

3. **Uma tendência a agir de maneira impulsiva e explosiva, associada à responsabilidade afetiva aumentada (mudanças de humor):** Observei Lava em numerosas ocasiões quando está relaxado e cochilando no chão ou na cama do meu enteado. A vida é um mar de rosas, certo? Errado. Sem aviso prévio ou provocação aparente, ele entra em parafuso. Por quê? O que está causando isso? Quem sabe qual é o mal à espreita na mente de Lava? Que demônios ainda estão ali? Por exemplo, Lava está deitado no chão da sala de estar, aparentemente em paz, e um dos amigos de Sean bate à porta. Algo completamente inocente, você acharia. Mas Lava fica absolutamente ensandecido. Estaria revivendo a experiência de ouvir alguém batendo numa porta logo antes de um RPG atingir o prédio em que ele vivia? Não sei o que desencadeia essas reações, mas posso garantir que são muito assustadoras, e tudo o que posso fazer é tentar acalmá-lo.

4. **Presença de hiperatividade:** Hiper? Quem? Lava?

5. **Uma tendência a comportar-se de modo agressivo à menor provocação:** Isso qualificaria Lava correndo até o primeiro cachorro que vê no parque e partindo para cima dele sem motivo algum? Você e eu poderíamos ir presos por fazer algumas das coisas que Lava tem feito a outros cães, sem ter sofrido absolutamente *nenhum* tipo de provocação.

Os três sintomas finais — (6) antissociabilidade; (7) nada de dor, nada de prazer e (8) depressão — não se coadunam com minha visão de Lava. Na verdade, ele é bastante social, parece curtir os prazeres da vida (embora seja durão e tenha um limiar bastante impressionante à dor) e realmente não é deprimido. Mas, mesmo assim, ele soma mais de 50 por cento e, considerando-se que apenas um ou dois sintomas poderiam ser problemáticos, acho que podemos concluir com segurança que ele sofre de TEPT. Como eu disse, seu veterinário estava convencido que ele precisava de medicação, concebida especialmente para cães com "elevados níveis de ansiedade devido à separação". Quando perguntei se a medicação causaria problemas para Lava, o veterinário retrucou: "Bem, alguns milhões de pessoas não podem estar errados." Vamos esperar que ele esteja certo.

Caso você ainda não esteja persuadido por meio da análise de um perito em cachorros, vamos ver o que o Exército tem a dizer sobre TEPT:

> Qualquer pessoa que passou por combate ou ação militar pode desenvolver transtorno de estresse pós-traumático (TEPT). Qualquer pessoa que vivenciou um evento traumático que o levou a temer pela sua vida, a ver coisas horríveis e a se sentir indefeso pode desenvolver TEPT.

Portanto, acho que podemos marcar todas essas alternativas. Ele apresenta os sintomas correspondentes? Novamente, referindo-nos aos especialistas, aprendemos que há quatro tipos de sintomas:

1. **Reviver o acontecimento (também chamado de sintomas de reexperimentação):** *Pode ser desencadeado por visão ou som.* Confere. As ondas do oceano batendo nas pedras da praia levam Lava de volta ao local de sua infelicidade. Você acharia que ele está tendo um ataque ali na hora.

2. **Evitar situações que tragam lembranças disso:** Não tenho certeza de como avaliar isso com um cão. Acredito que ele preferiria não passar

tempo algum dentro de um tambor de 200 litros em meio ao fogo inimigo. Ele nunca mencionou isso, mas... Engraçado, porém, como isso, na verdade, é o oposto do que muitos de nós, fuzileiros navais, poderíamos admitir. Afinal, o que estamos evitando? A guerra? A maioria de nós alistou-se para mais de uma rodada de combates, portanto você pode tirar esse item da minha lista. Na realidade, mesmo que um fuzileiro naval ou um soldado da infantaria ou seja lá quem for não retorne com uma missão oficial, muitos voltam para fazer outros trabalhos. Afinal, como é que se pode comparar a "vida real" com a excitação de participar dia após dia da morte e da destruição?

3. **Sentir preguiça:** Lava é tudo, menos preguiçoso. Esta é a coisa que eu mais gosto acerca de Lava. Independentemente do que acontecer, independentemente do que estiver ocorrendo, Lava está sempre plenamente envolvido.

4. **Sentir-se irritadiço:** *Estar sempre alerta e de olho no perigo. Você pode ficar repentinamente com raiva ou irritado, encontrar dificuldade para dormir, ter problemas para se concentrar, temer por sua segurança e sentir-se permanentemente alerta, ficar muito assustado quando alguém o pega de surpresa.* Acertaram na mosca aqui. Confere, confere e confere novamente.

Quando conseguimos trazer Lava para os Estados Unidos, inicialmente ele não conseguia ficar quieto. Ele estava sempre alerta, me protegendo. Mais tarde, quando comecei a namorar minha esposa, Lava passou a ser superprotetor com o filho dela, Sean. Não saía do lado dele. Quando nos casamos, Lava passou a dormir na cama dele, e continua a fazê-lo até hoje. Ele até avançou na minha mãe, porque achou que ela estivesse invadindo o sagrado quarto de Sean.

Lava late ao menor ruído. Ele fica louco quando nossos vizinhos saem de casa, porque acha que estão andando demasiadamente perto da nossa. Não estou me referindo a um latido do tipo "Este é nosso jardim". Esse é um profundo ganido de animal ferido que gela o sangue nas veias, e que ele é capaz de sustentar durante o que parece ser uma eternidade. Conforme Graham afirma:

— Lava possui esse latido incrivelmente singular. É como um coiote. Ele o usa para amedrontar as pessoas, para que se afastem dele. Elas sempre saem de perto, o que reforça seu comportamento e o leva a repeti-lo sempre.

Isso perturba a casa inteira. O bebê chora, eu grito e corro atrás de Lava, e minha mulher fica injuriada como ninguém, como se todo esse episódio lunático fosse minha culpa. E acho que é, mesmo.

Lava atormenta até os cachorros mais plácidos no parque, mesmo que tenham mais que duas vezes o seu tamanho. Por exemplo, ele introduz seu latido *saia-do-meu-caminho* em qualquer tentativa de aproximação social canina que possa terminar com um golden retriever chegando perto para olhar para nós. Lava corre para dentro do parque, dirigindo-se em linha reta para um cachorro novo e logo fica latindo e pulando em suas patas dianteiras como se tivesse um macaco hidráulico embutido na parte da frente. De certa maneira, é engraçado de assistir, mas também pode ser constrangedor, e não raro tenho de pedir desculpas para algum pobre imbecil que não conhece a história de Lava e acha que ele é uma encarnação do mal. Lava simplesmente percebe qualquer um — inclusive os cães — como inimigo e uma ameaça ao subescritor do presente livro, seu salvador e melhor amigo (embora ache que eu sou um idiota que ele pode vencer na inteligência na maior parte dos dias).

Lava não age dessa maneira apenas com cachorros. Ele também pode sentir medo e vacilação nas pessoas. Um dos meus melhores amigos, que chamarei de Otis, não é nem de longe um amante de cães; portanto, você pode imaginar que, quando ele encontrou Lava pela primeira vez, não foi como um encontro de admiração mútua. Lava não foi particularmente gentil quando Otis finalmente passou pela porta. Logo em seguida, quando me dei conta, Lava estava sentado ao lado da cadeira dele, empertigado e montando guarda com a máxima atenção. Como um verdadeiro cão de guarda. Mal Otis mexia um pouquinho com um dos dedos, Lava arreganhava o focinho e emitia um rosnado baixo, porém extremamente ameaçador e intimidador. Mandei que Otis não se mexesse enquanto eu arrastava Lava para fora da sala. Parecia quase uma cena de desenho animado em que um cão brabo persegue uma pessoa pela rua abaixo, mostrando os dentes, rosnando e tentando abocanhá-la. Por algum motivo, Otis concordou em tentar de novo e juntou-se a nós numas férias de inverno, com Lava. A viagem terminou com Otis tendo de abandonar a casa que havíamos alugado pela janela do quarto do andar térreo, jogando a bagagem na frente.

Àquela altura, Graham estava atendendo Lava regularmente e parecia estar fazendo progressos. Ele estava genuinamente interessado em ajudar. Acho que queria mostrar ao mundo que eu não era louco por tê-lo trazido. Graham me disse que queria que "o público visse o bom que havia em Lava". (Eu teria me dado por satisfeito se apenas meus amigos próximos pudessem reconhecer isso.) As aulas, o treinamento particular, tudo parecia ajudar um pouco, mas tratava-se tanto de me treinar quanto de treinar o cachorro. Lava sabia mexer comigo como o melhor dos melhores amigos, e eu não falhava em atendê-lo. Graham não tinha esse problema. Ele podia usar a postura física para ensinar um pouco de submissão para Lava, mas não demasiadamente, e ele mantinha a compostura o tempo inteiro.

Decidi dar ouvidos à ideia da medicação depois que Lava "atacou" meu amigo Mark. Foi no fim de uma manhã em que eu estava passeando com os cachorros. Meu filho Mattox (na época com aproximadamente 4 meses de idade) estava no carrinho de bebê. Bem, se Lava é protetor em relação a mim, ele é insanamente protetor dos meus filhos. Mark, que também tem dois cachorros grandes, começou a brincar com Lava. Estavam apenas meio que brincando tumultuosamente, acho, mas acabaram fazendo isso um pouco perto demais do carrinho, e foi então que aconteceu: Lava avançou em Mark três vezes em rápida sucessão, conseguindo arrancar um bom naco de pele do seu polegar, provocando alguns ferimentos profundos em seu braço. Felizmente, nenhum desses machucados precisou levar pontos, mas sangraram bastante. Fomos até minha casa para que eu pudesse limpar e fazer curativos nos ferimentos de Mark, e eu tive de trancar Lava na garagem antes que Mark pudesse entrar em nosso quintal. Claramente, Lava ainda estava agitado, e seu comportamento era imprevisível.

Um dos episódios mais constrangedores, entretanto, aconteceu um dia no parque. Vimos um jovem casal sentado numa toalha de piquenique, curtindo o calor do sol e namorando no clima maravilhoso de San Diego. Tudo parecia estar indo muito bem. Lava e Koda estavam brincando, correndo um atrás do outro em volta do parque e aparentemente indiferentes ao casal. Tudo parecia um idílio — até que deu Lava. Você sabe, como dizem por aí, "Dar merda"? Bem, é assim com Lava, às vezes. Simplesmente "dá". Ele andou como quem não quer nada até o casal, fingiu um interesse meramente passageiro e, então — enquanto estava indo embora — empacou. Daí pensei, *Ai, que merda! Lava, nãããooooo...!* Antes que eu sequer pudesse gritar seu nome, Lava havia levantado a pata e mijado na toalha. *Olhem, este é meu parque e vocês não me pediram licença para ver se podiam relaxar por aqui.* E é exatamente assim que as coisas ocorrem.

Lava disfarça muito bem o fato de estar sofrendo de alguma coisa. TEPT? É como dizem, se anda como um pato, grasna como um pato e cheira como um pato, então as probabilidades são que... Deveria levar em consideração o aviso das Forças Armadas de que a família e os amigos podem lidar com a raiva ou o comportamento violento do veterano de pós-guerra ao "procurar um local seguro e pedir ajuda imediatamente"? Não tenho certeza de que funcionaria no caso de Lava, a não ser que eu quisesse vê-lo ser levado à força pelo pessoal da carrocinha, enquanto eu ficasse escondido atrás de uma árvore. O manual também sugere que seus amigos e sua família aprendam a comunicar-se melhor. Isso é certamente uma boa ideia, mas os métodos de Lava de latir e lamber suas partes íntimas não comunicam tão bem quanto eu gostaria. Mesmo assim, de alguma maneira, ele sempre conseguiu passar sua mensagem para mim.

Se eu tenho medo de que ele ataque as crianças? Nunca. Ele sempre, sempre protege os membros da família. Foi amor à primeira vista para o meu enteado Sean, quando conheceu Lava. Desde o meu casamento, Lava dorme na cama de Sean toda noite e nunca demonstrou nenhuma agressividade em relação a ele. Na verdade, Lava estabelece relações com as crianças de modo geral. Graham tem hospedado Lava quando tenho de sair da cidade, e ele tem um filho pequeno.

— Lava estava arranhando a porta do quarto do meu filho numa noite — disse Graham — e eu decidi deixá-lo entrar para ver o que ele queria. Imediatamente, ele correu até a cama do meu filho, pulou nela e enroscou-se aos seus pés. Lava deu então um enorme suspiro de alívio, do tipo "*Agora posso finalmente relaxar*".

Mas também acrescenta que quando Lava ouviu os passos de sua mulher no hall do lado de fora do quarto, ele começou a rosnar baixinho. Acho que isso é o que se chama de guardar recursos de alto nível.

Ele também simpatizou com Cheddar, o gato, formando um poderoso vínculo entre espécies. Por isso, não, eu não me preocupo com Lava em relação a qualquer um de nossa casa. Minha mãe é outra história — Lava deixa que ela lhe faça carinhos enquanto estiver sentada, mas quando ela levanta ou entra nos quartos das crianças, ele reassume o papel de protetor delas.

Lava e eu sabemos de primeira mão quão facilmente a vida pode ser tirada caso não se preste atenção constante e vigilante. (E mesmo isso não é sempre o suficiente.) Portanto, talvez eu não seja uma pessoa "normal", especialmente se Lava e suas ações — como ser protetor de sua família, por exemplo — forem um reflexo das minhas próprias. Tudo bem, eu não saio atacando arbitrariamente outras pessoas quando as vejo no parque dos cachorros. E, até onde sei, não tentei trepar em ninguém em público como uma demonstração de minha superioridade. Só que, de tempos em tempos, ainda penso nas coisas que vi e vivenciei durante o período em Faluja. Mesmo correndo o risco de me repetir, não acho que eu esteja sofrendo de TEPT — pelo menos, não no sentido clássico —, mas há algo ali, logo abaixo da superfície, que não consigo identificar exatamente.

Talvez eu e minha família merecêssemos que eu falasse com alguém mais preparado para avaliar minha saúde mental. Já que sugiro que outras pessoas o façam, talvez eu deva a todo mundo uma visitinha ao divã. Olha, Tony Soprano se deu bem. Talvez eu me desse, também.

CAPÍTULO 9

Abrindo o livro do berreiro

"Ninguém quer ser aquele indivíduo que diz: 'Tenho terapia esta tarde, sargento', ele disse, imitando uma voz lamuriosa."

— DE UMA ENTREVISTA COM UM COMBATENTE VETERANO DO IRAQUE, CONDENADO POR HOMICÍDIO CULPOSO[13]

QUANDO EU PENSO EM REALMENTE TELEFONAR PARA ANUNCIAR QUE estou pensando em fazer... *análise*... isto simplesmente me faz querer vomitar. Todo pai fica aborrecido com seu filho num momento ou outro; isso significa que preciso de terapia? Ah, claro, sou aquele cara que, estando em serviço no Iraque e completamente alerta o tempo inteiro, esperando ser explodido ao fazer uma corrida de abastecimento ou dando uma mijada, ou matando ou vendo amigos serem mortos, observei, em meu primeiro livro: "Parece normal. A despeito das bombas e dos insurgentes e dos escombros, sinto que devo estar aqui." Sentia-me em casa no meio de toda a confusão, morte e destruição que a guerra traz consigo. Isso me torna psicótico? Maluco? Um veterano resmungão tomado de cólera no meio de um dia de verão?

Suponho que um incentivo para ir lá é que todas as vezes que passo dirigindo pelo cruzamento que leva ao hospital de Assistência aos Veteranos vejo um ou outro veterano sem-teto na esquina, carregando um cartaz de papelão em que proclama sua condição de desamparo, fome e sua disposição de trabalhar em troca de comida (porém sempre exultante em receber um "Jackson" ou um "Benjamin"* em vez disso). Estou obcecado com o pensamento de não ser capaz de sustentar minha mulher e meu filho. O veterano sem-teto e faminto está claramente perturbado, de acordo com minha opinião clínica e profissional... e eu poderia estar em seu lugar se não fosse pelo amor de um cachorro que, sem ter feito nenhum esforço planejado, me trouxe o amor de uma mulher. Em outras palavras, lá vou eu, pela graça de Deus, palrando e encolerizando-me no pôr-do-sol do Oeste.

Tenho muito a dizer. Vi muitas coisas. Veja você mesmo. Que tal isto: os combates não acontecem da maneira como Hollywood os retrata nos filmes. Pelo que vi até hoje, as pessoas não morrem lentamente. Não há um último "Diga a minha mulher/mãe que eu a amo" enquanto um soldado fecha seus olhos e deixa a cabeça rolar gentilmente para o lado.

Não, a morte em combate é normalmente violenta e repentina, e o querido recém-falecido tem sorte caso ainda tenha uma cabeça com a qual possa emitir um último suspiro. Em combate, gemidos e gritos acompanham a morte. E os ferimentos — não apenas os fatais — são os mais perturbadores que você poderia ver um dia.

Certa vez, depois de um combate sob fogo particularmente intenso, no qual nosso UAH (Humvee blindado) quase foi destruído e tivemos três baixas (feridos em condições de caminhar, felizmente), conseguimos chegar a uma estação de socorro em campo, onde os feridos são levados para serem triados e classificados antes de serem transferidos para uma das unidades cirúrgicas ou traumáticas em Faluja ou, caso seja necessário, levados de avião para Bagdá ou Balad. Termino de dar uma boa olhada em nosso veículo — o

---

* Jackson se refere à efígie de Andrew Jackson que adorna a nota de US$ 20, enquanto Benjamin Franklin está impresso na nota de US$ 100. (*N. da T.*)

caminhão armado tomou múltiplas rajadas de uma metralhadora pesada de 12,7mm e está fora de condições de uso até que possamos encontrar um para-brisa sobressalente — e vou conferir nossos feridos.

Um dos fuzileiros navais de outra unidade, um garoto que não tem mais de 20 ou 21 anos, está deitado numa maca, a morfina pingando através de um cateter intravenoso inserido em seu braço. Agacho-me ao seu lado para confortá-lo pelo menos um pouquinho — ele está com medo, pode-se notar em seus olhos, mas ele não quer que isso transpareça — e posso ver a ferida enquanto seguro sua mão e digo que tudo vai ficar bem. Onde o seu quadríceps devia estar, na coxa direita, há somente uma ferida cavernosa e aberta, estendendo-se por toda a largura da coxa até o osso. Há apenas uma massa polpuda e sangrenta de músculo, gordura e só Deus sabe o que mais, onde um pedaço de metralha, não muito maior que uma pequena pedra, quase arrancou sua perna. É incrível, mas serão capazes de salvar sua perna e, depois de alguma fisioterapia, ele estará de pé e correndo. Provavelmente, diretamente para o Iraque ou o Afeganistão, para uma segunda, terceira ou quarta rodada.

Fui ao hospital naval de Bethesda duas vezes para visitar nossas tropas feridas. É um espanto que alguns desses garotos estejam vivos, tendo em vista a gravidade de seus ferimentos — crânios côncavos, membros faltando, órgãos filetados. Como não mudar depois de testemunhar isso? Você quase sucumbe e chora quando vai visitar um dos fuzileiros navais que enviou para o Iraque como parte de uma equipe de transição, e que, apenas duas semanas depois, tornou-se um garoto de 25 anos de idade sem pernas. Essa atitude é incrivelmente positiva. Ele mal pode esperar ser equipado com suas próteses para poder levantar e voltar a correr. Você, porém, quer gritar, porque tudo isso é muito injusto.

Tenho começado a analisar meu próprio comportamento mais de perto; ter filhos também me fez ficar mais consciente da maneira como me apresento ao mundo ao meu redor. Não quero estar sempre olhando por cima do meu ombro, esperando perder tudo o que há de bom na minha vida. Este é o motivo pelo qual concordei em experimentar fazer terapia. Também estou fazendo isso pelo bem das pessoas que vão ler este livro — os veteranos e suas famílias e amigos, que podem se beneficiar ao sobreporem-se a toda essa babaquice machista e procurar ajuda. Conversar tampouco pode *prejudicar* alguém. Consegui convencer você? Lava está rolando de tanto rir de mim, então interpreto seu voto como sendo a favor.

No dia 2 de janeiro de 2008 telefono para o hospital de Assistência aos Veteranos, aqui em San Diego, para marcar uma consulta. Todas as pessoas que sabem que estou fazendo isso estão empolgadas. Muito embora eu continue lembrando-as de que nesse contexto sou um jornalista. Isto é, todos empolgados, menos eu. Não estou tão excitado com a perspectiva de me enquadrar "no sistema", como dizem, e menos empolgado ainda ao ser transferido para um lugar chamado de Clínica para Transtorno de Humor e ter de responder às perguntas do Inventário Beck de Depressão, um levantamento de 22 questões que os psiquiatras usam para determinar se você está ou não deprimido. Minha mente imediatamente viaja com pensamentos em Xanax, Prozac, químicos que alteram o humor — e coisas ainda piores. Imagino a mim mesmo entrando como um adulto normal funcionando perfeitamente e saindo como um verdadeiro zumbi, depois de ter sido submetido à terapia de convulsão por eletrochoque, com um bloco de borracha negro enfiado entre os dentes e mantido no lugar por uma tira de couro passada por baixo do meu queixo e por cima de minha cabeça, fora os terminais plugados a uma bateria de automóveis ligados aos meus testículos.

Devido a demanda, terei que esperar quase um mês para ser atendido, então vou ter bastante tempo para pensar na tortura que me aguarda. Mas, então, tenho a oportunidade de conversar com um psiquiatra da

Marinha sobre um trabalho que está sendo feito pelos veteranos com TEPT. Peço-lhe que indique bons candidatos para serem entrevistados para este livro; ele me fornece vários nomes — muitos dos quais, conforme salientou, "poderiam fornecer-lhe uma medicação, caso você viesse a precisar dela". Não sei por que motivo, mas isso me deixa um tanto injuriado. Mal falei com o homem e ele está sugerindo que eu preciso tomar remédios para controlar o humor?

Caso a Assistência aos Veteranos esteja se perguntando por que não há mais veteranos ligando para pedir ajuda, talvez devesse considerar a expressão *distúrbio de humor*. Se *distúrbio* no sentido médico significa uma desordem do funcionamento normal do corpo ou da mente, então *distúrbio de humor* significa que seu humor não está funcionando normalmente? Estar perturbado com o que vimos no Iraque é normal, do meu ponto de vista. Por outro lado, se eu disser que não estou perturbado, *isso* quer dizer que eu tenho TEPT? É muito mais fácil diagnosticar meu cão.

Estou resmungando a esse respeito em voz alta numa manhã, e Lava só fica me olhando longa e severamente.

— Ei, amigão — digo-lhe —, sei que você está meio pancada, mas você era apenas um filhote, não tinha o treinamento que eu tinha. Você é um cachorro. Eu sou um homem. Devo ser capaz de lidar com a situação sem ajuda química.

O irônico é que Lava é responsável, em certa medida, por como estou agora, não obstante, qualquer um concordaria que ele é dez vezes mais maluco que a maior parte das criaturas, humanas ou caninas. Suponho que a instabilidade adore estar em companhia.

Há muitas maneiras de tratar TEPT, ou ansiedade/depressão/raiva/seja lá o que for generalizada, originada por experiência militar em zonas de combate. Muitas dentre elas são iguais ao que você deve fazer por um cachorro com TEPT. Tudo bem, não a terapia da fala, mas a terapia cognitiva, em que você substitui seus pensamentos negativos (humanos) ou ações (cães) com algo de positivo. Ou você pode propositadamente concentrar-se na coisa ruim que aconteceu (humanos) ou realmente revivê-la de uma maneira segura (cães), para que você fique com menos medo dessa recordação. Finalmente, há as drogas (humanos) e as drogas (cães) que podem amenizar as coisas e ajudar você a usar as várias terapias que há por aí. Não quero nem preciso de medicação. Lava não teve escolha. Isso, porém, o ajudou muito. Graham contou-me que a medicação tem realmente salvo a vida de cães; sem ela, é simplesmente difícil demais reabilitá-los.

Os antidepressivos que Lava toma são similares aos que os humanos utilizam — do tipo Prozac. Talvez você já tenha ouvido falar, não? Faz parte de uma classe de substâncias chamadas de inibidores seletivos de recaptação da serotonina (ISRS) e vou lhe contar, já o vi em ação, e funciona. Substâncias químicas em seu cérebro podem levar você a agir de uma determinada maneira (ansioso, deprimido, agressivo), então, a ideia é que essas substâncias podem reequilibrar as substâncias químicas que estão fora do padrão, para que você possa comportar-se de uma maneira socialmente mais aceitável. Há numerosos estudos mostrando que essas medicações ajudam as pessoas que sofrem de TEPT. Elas têm sido populares nos Estados Unidos por quase vinte anos — tanto para cães quanto para humanos.

De acordo com o veterinário de Lava, não havia alternativa. Ele disse que não as prescreve com muita frequência, mas que com um cão com a experiência de Lava era evidente que haveria problemas que não poderiam ser resolvidos somente pela modificação de comportamento. A ansiedade de separação intensa e a personalidade hiperprotetora necessitavam de um auxílio extra. Os ISRSs são considerados incrivelmente seguros. Também me dão a oportunidade de tentar confortar Lava, mostrando-lhe que está a salvo. Ele pode relaxar e baixar a guarda e começar a perceber que o carteiro não está entregando nada de explosivo.

Dito isto, a atividade interessa-me mais do que a medicina e, então, estou especialmente interessado em saber sobre o Virtual Reality Medical Center (VRMC), em San Diego. Seus psiquiatras, psicólogos e pesquisadores utilizam a Realidade Virtual (RV) como um tratamento para a ansiedade e para os distúrbios do pânico, fobias sociais e TEPT. O programa é atualmente um projeto piloto (ou de teste), patrocinado pelo Office of Naval Research (ONR) [Repartição de Pesquisa Naval]. É algo muito louco — eles simulam diferentes experiências de combate de maneira tão precisa que é como se você estivesse realmente ali, mas, em vez de ser realmente morto pelo fogo dos insurgentes, você apenas *pensa* que morreu. (De alguma maneira, isso não soa tão legal quanto é na verdade. Mas é funcional.) Você usa um fone de ouvido e tudo o que pode ver e ouvir é a cena simulada. Originalmente, o Exército criou grande parte dessas coisas para treinar soldados. Agora, estão usando a RV para retreinar-nos.

Quando alguém volta com TEPT, reviver o momento em que seu Humvee foi explodido por um artefato improvisado num comboio pode verdadeiramente fazer com que ele pare de ter flashes de volta para a cena, porque possibilita perceber que isso não está realmente acontecendo. As sessões são concebidas para tocar no ponto fraco de cada indivíduo, e se as coisas ficarem demasiadamente intensas, ou o paciente se tornar ansioso demais, ele pode deslocar-se para outro lugar no cenário ou simplesmente remover o fone de ouvido. Enquanto isso, os sujeitos estão sentados num ambiente monitorado, na segurança de um escritório aqui nos Estados Unidos. É um pouco contraintuitivo e deve ser feito da maneira correta, mas os resultados são impressionantes: mais de 90 por cento dos participantes garantem sentir-se muito mais confortáveis em suas atividades cotidianas do que antes do tratamento. Contudo, isso não acontece da noite para o dia.

Se um cão sobreviver a um atropelamento de automóvel e então ficar morrendo de medo até de andar numa calçada ao longo de uma rua, você deve sensibilizá-lo gradualmente ao barulho do trânsito. Se você simplesmente o empurrar junto do meio-fio e o segurar ali, ele só vai ficar mais nervoso ainda. Você tem de ir devagar e realmente dar-lhe apoio. É isso que a equipe do VRMC faz. São recomendadas entre oito e doze sessões. (Não tente tratar a si mesmo em casa com *Call of Duty 4*, *Halo 3* ou *Turok* em seu Xbox 360. O ambiente de RV foi criado reciclando dados gráficos virtuais inicialmente construídos para o cenário de simulação de combate tático patrocinado pelo Exército dos Estados Unidos e o jogo de Xbox Full Spectrum Warrior.[14] Não estou brincando.)

Quero saber mais, então telefono para o primeiro nome da lista. O dr. Dennis Wood desempenha um papel importante no VRMC. Ele é um capitão reformado da Marinha, tendo servido durante 34 anos numa combinação de reserva e serviço ativo, e ele não tem autorização para receitar medicações, portanto, felizmente, vou poder evitar esse problema no primeiro dia. Além do trabalho que faz com o VRMC aqui em San Diego, ele também exerce psicologia num consultório particular em Coronado. Ele se oferece para conversar comigo logo, em vez de ficar adiando. Nossa conversa inicial por telefone é instrutiva. Temos uma grande discussão sobre as maravilhas da RV como forma de tratar veteranos diagnosticados com TEPT ou manifestando os sintomas. Explico que quero pesquisar um pouco para este livro; e se eu descobrir qualquer coisa sobre mim mesmo durante esse processo, melhor ainda.

Grande revelação: meu editor entrou em contato com Dennis primeiro e conversou com ele acerca do livro. Ele não ficou surpreso, tendo em vista que a maioria dos seus clientes são trazidos pelas suas famílias ou amigos, ou por um oficial de comando. Bem poucos veteranos de guerras recentes procuram voluntariamente uma clínica.

Meu primeiro encontro com o dr. Wood ocorre nos escritórios do VRMC. Estão localizados num aglomerado de prédios comerciais em expansão, aqui em San Diego, como tantos outros agrupamentos de prédios de aço, vidro e concreto de três andares que abrigam consultórios médicos e escritórios de alta tecnologia e de corretoras de imóveis. Não há guardas na entrada, apenas o registro profissional na parede, encaminhando os visitantes para qualquer uma das portas sem identificação que levam a conjuntos de escritórios genéricos e despojados. Encontramo-nos numa sala de conferências. Tenho a oportunidade de perguntar ao dr. Wood sobre TEPT e a aplicação da RV para o tratamento. Ele me instrui naquela tarde, atiçando meu apetite por mais informações e por uma oportunidade de ver o sistema funcionando.

Minha curiosidade toma conta de mim — e por ter um interesse pessoal oficial em descobrir a esse respeito pergunto ao doutor se há qualquer coisa que predisponha uma pessoa a sofrer de TEPT. Ele responde que há, certamente, algumas indicações:

1. Marcadores genéticos.
2. Múltiplos traumas ou trauma isolado durante os anos de desenvolvimento.
3. Falta de treinamento de resistência (essencialmente introduzindo tipos de acontecimentos que induzem ao estresse e que provavelmente serão encontrados) durante o período pré-mobilização. (Aqui, o dr. Wood relata para mim a história de um marinheiro diagnosticado com TEPT que havia sido designado para trabalhar com as forças especiais do Exército no Afeganistão e que acabou vendo de primeira mão umas brutalidades horripilantes cometidas pelo talibã, para as quais ele não estava preparado.)

4. Excitação constante. (Não *desse* tipo, seus tarados — bombardeios com morteiros e foguetes.)

5. Histórico de dificuldades psicológicas e/ou uso de drogas ou álcool, às vezes acarretado por automedicação pós-mobilização para atenuar a dor.

6. Coesão da unidade — quão aceito se sente um recém-chegado? Para as mulheres, o assédio sexual ou o fato de não ser percebida como parte integral do sucesso em combate acarreta uma suscetibilidade particular para TEPT.

É estranho, mas por esses parâmetros a personalidade de Lava não parece ser tão propensa ao TEPT. Por outro lado, o treinador de Lava, Graham, mencionou os marcadores genéticos também, ressaltando que Lava não era exatamente o produto de um garanhão com pedigree. As probabilidades são que seu pai, e algumas gerações de pais antes dele, fossem essencialmente vira-latas.

Depois da nossa conversa, o dr. Wood me leva para dar uma volta pelos escritórios do VRMC para me apresentar a algumas pessoas, inclusive o fundador, Mark Wiederhold, médico e Ph.D. Os escritórios são básicos — poderiam pertencer a qualquer tipo de negócios, desde clínicas para o tratamento de disfunção erétil a operação de caldeiras —, só que o trabalho que está sendo feito ali é infinitamente mais importante para a sociedade.

Então, está na hora de ver a sala de RV. Não é exatamente o show em grande estilo que eu havia esperado, porque o equipamento e o pessoal para monitorar minhas reações não estão disponíveis, mas, mesmo assim, é interessante ver e experimentar os cenários.

O software é muito realístico e, conforme vou passando pelos cenários — um soldado de infantaria no campo procurando pelos bandidos; um atirador de torre rotatória num comboio, completo com um técnico insurgente (um caminhão pick-up com uma metralhadora atrás); um observador na Faluja virtual —, tento monitorar a mim mesmo procurando os marcadores que os técnicos e os psicólogos usam para monitorar o progresso do paciente ou os níveis de ansiedade: frequência cardíaca e respiratória elevadas (níveis de excitação).

Caso eu tivesse sido plugado, o dr. Wood teria conseguido monitorar com precisão minha respiração, frequência cardíaca, temperatura periférica (a temperatura do dedo, que normalmente fica em torno de 33°C e cai quando o instinto de lutar ou fugir se instaura) e a resposta galvânica da pele (palmas das mãos suadas), que é medida numa escala de 1 a 10, sendo 1 normal. Esses dados são utilizados para fornecer ao clínico uma indicação do nível de ansiedade que o paciente está experimentando a qualquer momento e que lhe permite conversar com o paciente para acalmá-lo.

Então, o paciente pode praticar qualquer uma das técnicas de relaxamento que lhe ensinaram ou simplesmente tirar o fone de RV. Uma das técnicas de relaxamento descritas pelo dr. Wood é a *Happy Gilmore* happy place" ["Happy Gilmore, lugar feliz"]. Isto é, você se imagina numa situação que lhe confere conforto e segurança, como o personagem de Adam Sandler fazia para acalmar seus nervos no campo de golfe no filme *Um maluco no golfe*.

O dr. Wood e sua equipe publicaram um artigo sobre o sucesso que obtiveram até agora, muito embora ainda seja algo muito recente. Todos os seis pacientes tratados relataram sentir menos ansiedade e depressão depois de dez sessões do programa.[15]

O potencial da RV na prevenção e tratamento de TEPT é realmente ilimitado. O problema está em convencer os guerreiros a utilizá-lo. E aqui está a dificuldade. Um exemplo daquilo que os militares têm feito tradicionalmente para avaliar a propensão de soldados ou fuzileiros navais de desenvolver TEPT depois de uma mobilização em zonas de combate é entregar-lhes aqueles formulários PDHA para preencher, procurando respostas para questões como onde eles foram mobilizados; a avaliação de sua própria saúde emocional; sua exposição ao combate, especificamente explosão ou detonação, acidente com veículo e ferimentos por fragmentos acima dos ombros (tudo dirigido para checar possíveis lesões cerebrais traumáticas ou LCT); se viram ou não cadáveres e se sentiram alguma vez que suas vidas estavam em perigo. O quê? É em combate que esse pessoal está envolvido. Se não sentissem que suas vidas estavam em perigo, isso realmente me faria ter sérias dúvidas.

Contudo, aqui está o que acontece. Fuzileiros navais, soldados e marinheiros preenchem essa avaliação no Iraque ou no Kuwait imediatamente antes de voltar para casa. Esses garotos têm almejado voltar para casa desde que entraram no avião para serem mobilizados. Mas, espere. Aqui vem a melhor parte: a caixa contendo todos os PDHAs é perdida. Os guerreiros chegam em casa e planejam passar alguns dias longe da unidade, na companhia amorosa de suas famílias. Ei, nada de pressa, fanfarrão! Você não vai para lugar algum até que os PDHAs tenham sido preenchidos. Assim, você se senta numa arquibancada descoberta com um sargento do Estado-maior ou um sargento da artilharia gritando para você se apressar e, ah, por falar nisso, é melhor você não responder sim a qualquer uma das questões brabas ou ninguém vai para canto algum. Deu para ter uma ideia?

A despeito da possibilidade de as coisas passarem sem ser detectadas com esse sistema, os números são estonteantes. As percentagens relatadas pelos fuzileiros navais no Iraque, que reproduzimos a seguir, refletem suas experiências de combate:

95 por cento foram atacados ou emboscados

92 por cento foram alvos de fogo de artilharia, foguetes ou morteiros

97 por cento receberam tiros ou fogo de armas de pequeno calibre

87 por cento atiraram ou abriram fogo contra o inimigo

65 por cento foram responsáveis pela morte de um combatente inimigo

28 por cento foram responsáveis pela morte de um não-combatente

94 por cento viram cadáveres ou restos humanos

E a relação entre a experiência de combate dos fuzileiros navais e o TEPT está clara, sendo corroborada por números ainda mais avassaladores. Dos soldados e fuzileiros navais mobilizados, a prevalência de TEPT aumentou com o número de combates sob fogo; 4,5 por cento para nenhum combate sob fogo; 9,3 por cento para um a dois combates sob fogo; 12,7 por cento para de três a cinco combates sob fogo e 19,3 por cento para mais de cinco combates sob fogo.[16]

Caso o departamento da Defesa resolvesse usar a RV — especificamente os cenários que são atualmente usados pelo VRMC para avaliar nossos guerreiros —, então poderíamos virtualmente abandonar o uso dos PDHA e determinar com mais precisão a suscetibilidade de um indivíduo para desenvolver TEPT. O tratamento poderia começar imediatamente. Poderíamos treinar nossos heróis para modificarem seu comportamento de modo a viver vidas mais felizes e mais realizadas quando civis, antes que seja tarde demais.

Tenente-coronel Kopelman,

Fui enviado para o Iraque na qualidade de bombeiro tenente contratado como civil entre agosto de 2004 e agosto de 2005, e passei os primeiros oito meses na Área de Apoio Logístico (AAL) de Anaconda, em Balad.

Enquanto estive em Anaconda, descobri um cachorro preto que vivia do lado de fora da cerca de segurança. Black Dog era um vira-lata que vivia literalmente sob uma das torres da guarda, fora do arame farpado. Tenho certeza que os soldados na torre estavam alimentando o cachorro de forma regular e, evidentemente, quando voltávamos do refeitório para o posto dos bombeiros, costumávamos parar e jogar umas sobras para Black Dog. Também pedi que alguns familiares e amigos me mandassem grandes ossos nos meus pacotes e, então, eu os repassava aos guardas da torre para que eles dessem para Black Dog essas guloseimas dos Estados Unidos.

Soube de uma unidade da Guarda Nacional que havia resgatado dois cães vira-latas da AAL Anaconda, então, naturalmente, pensei que poderia fazer o mesmo para Black Dog. Mas qualquer resgate seria muito difícil, porque, contrariamente a Miss Sippy e Rex, que viviam na base e foram resgatados por uma unidade da Guarda Nacional do Mexesses, Black Dog vivia fora da cerca e nunca havia socializado com humanos. Sua única interação se dava pela comida que caía do céu, vindo da torre da guarda.

Meu plano era fazer com que a Força de Reação Rápida pegasse o cachorro e o levasse para o veterinário da instalação para um rápido exame físico e então o removesse para o Kuwait numa aeronave do Exército. Embora eu tivesse conversado com a maior parte das pessoas que teriam sido envolvidas no resgate, meu plano fracassou quando todo o nosso departamento de bombeiros civis foi deslocado para outra base do Exército no Iraque. Antes de ir embora, tirei algumas fotos de Black Dog e despedi-me dele.

Espero que ele ainda esteja vivendo sob a torre, com a alimentação fornecida pelos soldados da torre e outros amantes de cães.

Fiquei triste de não ter podido ajudar Black Dog, mas ouvir que soldados e fuzileiros navais foram bem-sucedidos em dar algum carinho e cuidado aos muitos cães (e gatos) iraquianos aquece meu coração. Obrigado por resgatar Lava de uma vida sem boas perspectivas e obrigado pelos seus serviços ao nosso país.

Dennis Donehoo

CAPÍTULO 10

Nunca desista

"Era uma situação sem saída. Orr seria louco de voar em mais missões e são caso não o fizesse, mas, se fosse são, ele teria de voar nelas. Se ele voava, era louco, e não precisava fazê-lo; mas, se ele não quisesse, estava são, e teria de fazê-lo."

— JOSEPH HELLER, *SITUAÇÃO SEM SAÍDA*

APRENDI MUITO SOBRE OS DIFERENTES TIPOS DE TERAPIA, mas suspeito que, independentemente do que eu fizer, alguém vai me perguntar sobre meu pai. Dei o primeiro telefonema, mas a espera não ajuda em nada, então volto a olhar para a lista que tenho. E se esses caras forem completamente escrotos? E se eles passarem suas noites de quinta-feira degustando vinho em Sonoma? E, então, o que fazer?

O dia da minha consulta na Clínica para Transtorno de Humor da Assistência aos Veteranos está chegando e, naturalmente, estou apreensivo. Quer dizer, estou penetrando um território não mapeado aqui. Como é que vai ser? Será que vou estar numa sala de espera com um monte de veteranos da era do Vietnã, babando e falando coisas incompreensíveis e usando os casacos de seus uniformes de campo, cheios de remendos à la *O franco-atirador*? Para reforçar minha recém-adquirida ansiedade, há o fato de que é impossível estacionar. Dou voltas em torno do terreno da Assistência aos Veteranos

153

(enfurecido, evidentemente) por vinte minutos, o que faz eu me atrasar, o que alimenta minha ansiedade. *Porra, porra, porra, que tudo vá para o inferno!*

Quando finalmente chego ao segundo andar norte (onde os lunáticos pacientes externos esperam por suas consultas) para assinar a entrada, reparo que a sala de espera está bastante cheia, o que sugere que há toda uma turma de veteranos precisando de ajuda. A coisa não se apresenta bem para os jovens que um dia vão regressar do Iraque e do Afeganistão diferentes dos garotos de 20 e poucos anos despreocupados que eram antes de partirem para a guerra.

Ir ao seu terapeuta é diferente de ir a um médico normal. Ele não mede sua temperatura e pressão — acho que isso não lhe diria nada. Você pode parecer calmo e centrado tendo uma pulsação baixa e regular, mas se estiver pronto para uma camisa-de-força e uma sala com paredes acolchoadas, você poderia desabar de um momento para o outro. Não, a temperatura e a pressão arterial não estão sendo verificadas nos dias de hoje. Você dá entrada como sempre, senta-se e aguarda como sempre, mas as enfermeiras e o pessoal da administração que cumprem seu trabalho diário não olham para você como se a sua espera não fosse por uma simples consulta de rotina. Esse olhar é mais cuidadoso, quase piedoso. Tipo: *Nossa, pobre homem, sinto tanta pena com o que deve estar acontecendo em sua cabeça desarranjada. E é mesmo uma pena, porque você não parece realmente um lunático ou algo assim. Na verdade, é até um homem atraente. e eu poderia até falar com você em outras circunstâncias, mas todos nós sabemos por que está aqui, portanto, por favor, nem olhe para mim.*

Então, assino o livro de entrada, sento-me e leio meu livro — *Jarhead* (o que mais poderia ser?*) — e aguardo para encontrar-me com o responsável pelo meu caso. Ele é um cavalheiro muito gentil que trabalha na Assistência aos Veteranos há 36 anos. (Sei disso porque me sinto na obrigação de entrevistá-lo, do mesmo modo que ele planeja entrevistar-me, e porque

---

* *Jarhead* é uma expressão que, em gíria, significa fuzileiro naval. (*N. da T.*)

quero conhecer as credenciais do meu agente de saúde.) Das duas, uma: ou ele ama o que faz ou tira algum prazer perverso de andar com um monte de doidos.

Que raios, depois de 36 anos fazendo inventários psicológicos e escrevendo avaliações, quem poderia dizer que ele mesmo não é completamente louco, certo? Pois é, essas pessoas que lidam todos os dias com resmungões, pessoas que gritam e lunáticos tentam fazer o melhor que podem para tratar você como qualquer outra pessoa que encontram num coquetel, mas há esse olhar em seus olhos quando você lhes diz que tudo está realmente bem e que só está realmente tentando fazer um pouco de pesquisa para o seu livro.

Esse olhar de ruína iminente, de que sabem como você é realmente louco, porque somente os verdadeiros doidos e lunáticos dizem que tudo está bem e que só estão realmente pesquisando para um livro quando, na realidade (que é muito distorcida e virada do avesso), você é o maior psicótico desde McMurphy em *Um estranho no ninho*, de Ken Kesey, e está prestes a dizer: "Estou aqui para cooperar com você 100 por cento. Cem por cento. Vou ficar do seu lado o tempo inteiro, viu. Porque acho que temos de conhecer R. P. McMurphy a fundo." Ou, neste caso, Jay Kopelman.

Não há nada de confortante ou reconfortante sobre as perguntas que me fazem: "Como está sua relação com sua mulher?", "Como você se relaciona com seu enteado?", "Como sua compulsão obsessiva se manifesta?", "Quando reparou pela primeira vez que tinha problemas para administrar a raiva?", "Você foi maltratado quando criança?", "Já foi molestado sexualmente?", "Seu pai era afetuoso?".

Peraí, essa não é uma tarefa da mãe? Quero gritar.

Não há absolutamente nada de engraçado em ter sua psique testada com perguntas sobre maus-tratos, abuso e sobre a capacidade (ou a incapacidade) de seu pai ser afetuoso. No que eu fui me meter? Achei que isso teria mais a ver com minha carreira militar. Tipo: "Por que você se alistou?",

"O que você esperava realizar no Iraque?", "Teve alguma coisa que você fez que realmente não queria fazer?", "Há algum incidente que se destaca em sua mente?". Eu esperava plenamente os "Como é que isso fez você se sentir?" depois de cada uma das minhas respostas. Mas essas questões pessoais? Que porra de calamidade!

Então, temos essa conversa, o assistente social e eu. Falamos da família e dos interesses pessoais. Conto-lhe que sou ciclista de competição e ele me diz que tem um filho que compete como triatleta. Conversamos sobre tênis e o Aberto da Austrália e sobre quem cada um de nós acha que vai vencer, coisas desse tipo. Então, ele pergunta se eu tenho qualquer dúvida, antes de nos separarmos.

— Ah, sim, eu estava pensando, então o que você acha? Quero dizer, estou louco ou não?

— Não, eu acho que você é um adulto perfeitamente normal e saudável — replicou ele.

Aham. *Por que é que eu não acredito em você?* Ele diz que vão me ligar para marcar cinco sessões. Ah, tá certo. Só se forem cinco sessões de filme de terror psicológico. Uma maratona de filmes que você até vai assistir, porém nunca mais volta — pelo menos não como a mesma pessoa que era quando você se submeteu voluntariamente ao escrutínio da manipulação moderna da mente.

Alguns dias depois, recebo um telefonema para marcar uma consulta com um terapeuta — na verdade, com um assistente social com mestrado e alguma formação em psicologia —, o que é bom, acho eu, pois ajuda a modificar comportamentos que podem ser problemáticos se você estiver interessado em permanecer casado ou em ter um bom relacionamento com seus filhos.

Sei que o dia está chegando e tento minimizar o fato ao dizer para as pessoas que conheço coisas como: "Pois é, meu editor quer que eu vá para essa coisa de terapia para que eu possa escrever a respeito, mas na realidade não há nada de errado comigo e vou até lá, vou ver o que está acontecendo para que as *outras* pessoas — pessoas com problemas reais — possam ser ajudadas pelo que vou descobrir. Quer dizer, eu não tenho problemas de verdade, mas aquelas outras pessoas..." Cara, o quanto eu tenho de aprender.

Chego ao hospital da Assistência aos Veteranos para minha consulta e, em vez de ir à sala de espera com todos os perturbados normais, tenho de ir lá para o outro lado do pavimento. Lá para onde ficam os *verdadeiros* loucos. Se não fosse assim, não haveria portas de aço mantendo todo o mundo atrás delas trancado.

Foi então que me veio a ideia de que alguém, em algum lugar, pensa que sou completamente descontrolado e furioso, um maluco de jogar pedras. Por que outro motivo estaria eu nessa área com acesso controlado? Só que estou confuso porque não ouço os lamentos, gemidos e arengas que esperava escutar. Talvez seja porque mantenham os pacientes tão sedados que eles são incapazes de qualquer comportamento maníaco inerente como mostrado em filmes como *Uma mente brilhante*. Não, não há nenhuma gritaria ali, nada de assistentes hospitalares cheios de esteroides correndo para conter os que têm alucinações violentas (pelo menos não que eu possa ver, mas sei que eles estão na espreita). Só há calma e tranquilidade, e isso é tão perturbador para mim quanto qualquer coisa que eu esperava encontrar.

Minha terapeuta é uma mulher muito gentil, com aquele olhar que é uma mistura de compreensão e piedade. Acrescente a isso a postura praticada de calma e serenidade e não somente você se sente confortável para se abrir como está pronto a dizer coisas que nunca admitiria a ninguém.

Contudo, não consigo me livrar da sensação de que a terapeuta é uma cientista trabalhando com um monte de macacos selvagens. Enquanto ela permanecer calma, os macacos não vão entrar completamente em parafuso, o que provocaria a necessidade de chamar os assistentes hospitalares. Não quero ser o macaco malvado. Ninguém sabe exatamente onde eu me encontro, e enquanto minha terapeuta (que eu chamarei de Sigmund apesar de ela ser mulher) estiver de posse das chaves — literal e figurativamente — que me permitirão escapar do confinamento, vou ser um bom macaco, calmo e cooperador.

Então, no gabinete de Sigmund, vamos ao cerne da questão do por que eu estou aqui.

— Não, eu não tenho TEPT — digo-lhe. — Estou fazendo uma pesquisa para meu novo livro. Meu editor achou que seria bom escrever um capítulo sobre terapia, para que outras pessoas — você sabe, pessoas que realmente necessitem de ajuda, mas que têm medo de pedir — vejam que, se um tenente-coronel vai, então deve ser tranquilo.

Liderança desde o início, certo?

— Bem, Jay, podemos dizer que, mesmo que você esteja fazendo pesquisa para um livro, talvez seja possível que também esteja aqui para conseguir ajuda para algumas coisas que estão acontecendo com você? Além de tratarmos de conseguir alguma informação para seu livro, que tal se pudéssemos trabalhar em algumas coisas para você, também? — Ela diz isto numa voz tão doce e melosa que não consigo pensar em nada senão doce de leite ou mel.

Hein?

— Ah, claro, está ótimo. Quero dizer, gostaria de aprender a ser um marido e um pai melhor.

— O que você quer dizer, Jay?

E aí é que tudo começa. É então que você conta para uma pessoa completamente desconhecida que é um maníaco por controle, que tem problemas em administrar raiva e não pode entender nem por um segundo de onde é que as pessoas tiram essa noção de direito que prevalece tanto no mundo civil. As perguntas sobre os pais e a infância começam realmente a pipocar:

— Seus pais eram irritadiços?

— Quão irritadiços eles eram?

— Como é que isso fazia você se sentir?

— Você, algumas vezes, ficou com medo quando se metia em confusões, quando criança?

Respostas:

— Às vezes.

— Muito.

— Não sei.

— Não. O que há para ter medo? Uma surra? Grandes coisas. Não, entretanto, acho que parte do meu comportamento foi aprendido ao observar meus pais, sabe. Quero dizer, se eles podiam discutir e gritar, então esse deve ser o jeito de fazer as coisas, certo?

E nenhuma resposta de Sigmund. E, assim, você continua falando, e então, de repente, percebe que é isso que eles querem. Eles querem saber seus segredos, como se o fato de fazer xixi nas calças e de gritarem com você quando era criança fosse explicar tudo. Só que você percebe que se é isso o que eles querem, não é isso que deve entregar para eles. Então, você se cala, recosta em sua cadeira e aguarda. (E, não, eu não fazia xixi nas calças quando gritavam comigo. Não é bem melhor ler isso?)

Porém, seu silêncio só traz consigo mais silêncio. Sigmund é experiente. Tenho certeza de que ela passou por isso antes e pode ficar sentada sem dizer nada por provavelmente mais tempo que eu, e o tempo vai passando, e começo a perceber algumas coisas e, então, sucumbo. Pode me bater, me congelar, me deixar com fome, não vou dizer droga nenhuma. Mas, fique sentado ali na terapia, de frente para mim do outro lado da escrivaninha com sua boca fechada e não me falando nada até que eu lhe fale alguma coisa primeiro, e eu fico como um maldito canário. Não consigo me calar. Por quê? Que raios está acontecendo comigo?

Quero perguntar-lhe se estou contando o que ela realmente quer saber. O que todos os que falam comigo sobre a guerra querem saber. *Você matou alguém?* No meu primeiro livro, acenei para esse fato, dei um fragmento de informação sobre encontrar um bebê nos escombros, mas jamais toquei nesse assunto diretamente. Pensar sobre aquilo que vi, sobre a guerra, me faz ficar ao mesmo tempo com raiva e exausto. Na maior parte das vezes, me faz querer concentrar-me na minha linda família, que inclui um bebê incrível que logo vai aprender a andar e falar, um pré-adolescente muito querido, uma mulher linda e inteligentíssima que se casou comigo a despeito do aviso do seu pai: "Não é fácil ser casada com um militar." Sempre soube que meu sogro era esperto e, quando tem razão, tem realmente razão. Ele sequer estava levando em consideração meu cão totalmente fora de controle e apenas domesticado, vindo direto dos campos de matança do Iraque.

Se Lava fosse um homem, ninguém sequer questionaria se ele precisa ou não ser despachado às pressas para a enfermaria psiquiátrica mais próxima. Por sorte minha, ele não é, e eu sou seu analista.

— Relaxe no divã, Lava. Conte-me sobre seu pai.

Tenho de fazer graça disso tudo, mas o cerne da questão é o seguinte: encontrar essa pequena bola de pelos e esses aguçados dentes de filhote me levou numa viagem que eu jamais esperaria. Até ao ponto de deixar minha cabeça ser examinada. Posso refletir sobre isso enquanto estou sentado com Sigmund. E lá vem ela novamente com mais perguntas.

— Você gosta de estar no controle? O fato de não ter controle sobre as coisas o deixa frustrado? Como é que você se sente quando não está no controle?

Mais respostas:

— Sim. Bem, estar no controle representou uma carreira de 21 anos. Você tinha de estar no controle e todo mundo sempre sabia quem estava no controle. Não sei. O que você quer dizer? Você quer dizer que está certo sentir alguma coisa? — Ah, pois sim, agora estamos progredindo.

Só enquanto estou sentado ali e ficando mais confortável com o que está acontecendo é que percebo que nós *estamos* fazendo progresso. Que estou aprendendo coisas sobre mim mesmo que eu não sabia anteriormente ou que eu não admitia, e que vão me ajudar a tornar-me um pai mais feliz e mais eficaz, e um marido melhor e mais compreensivo. Que toda essa babaquice de revirar a alma e a sensibilidade não é tão ruim, afinal. Que talvez — se é que ouso dizê-lo — eu *precise* dessa interação com um profissional. Alguém que pode me ajudar a resolver isso tudo.

Não vou entrar no mérito de todo o diálogo que tivemos durante essa primeira consulta, porque você pode ficar entediado e, pois é, há algumas coisas que eu simplesmente não sinto a necessidade de compartilhar. Basta dizer que nós tocamos em alguns problemas profundamente arraigados e emoções que precisavam ver a luz do dia.

∽

A transição da vida militar para a vida civil é, na melhor das hipóteses, algo difícil. Some-se a isso o fato de sua vida ter girado em torno de ser militar durante todos os seus anos de vida adulta — isto é, o Corpo de Fuzileiros Navais é a família com a qual você passou a maior parte do tempo e esses relacionamentos interpessoais não eram todos exatamente saudáveis — então, acrescente algum combate, e o que você tem? Um monte de caras e minas que precisam se resolver completamente de novo.

Vivi uma existência bastante belicosa por toda a minha vida. Meus pais eram rígidos, conforme já mencionei; meus treinadores de futebol eram lunáticos, sempre aos berros; o Corpo de Fuzileiros Navais me deu mais disciplina e gritarias. E, então, você vai para casa para viver em sua comunidade, em que a maior parte das pessoas está tão autocentrada que sequer percebe que enquanto está falando ao telefone celular está fazendo fila na mercearia, e falam tão alto que hoje você fica sabendo de coisas a respeito delas que poderia facilmente ter vivido uma vida inteira sem jamais saber.

Os tempos mudaram. O que era normal para você quando criança — castigo, comportamento aceito — é considerado uma barbaridade de acordo com os padrões atuais. Tem de aprender a aceitar as pequenas coisas, escolher suas brigas, não se preocupar se o seu filho nem sempre mastiga com a boca fechada. No grande esquema das coisas, isso não vai torná-lo uma pessoa melhor. Mas dar-lhe amor, compreensão e paciência o fará. E daí que a gaveta da cômoda não esteja fechada até o último milímetro? Isso não quer dizer que sua mulher não ame você ou não cuide da casa. Esteja grato que ela está cuidando das crianças e fazendo-o com amor e compaixão, de tal maneira que, quando elas tenham de lidar com pessoas da sua laia, estarão preparadas para fazê-lo.

Olha, sei que pode parecer que estou fazendo pouco e até gozando de toda essa coisa, mas estou falando sério. É importante para você, para seus amigos e sua família que, caso esteja precisando de ajuda, procure obtê-la.

Você pode pensar que é um sinal de debilidade do corpo e do caráter. *Não é.* O fato de que um estigma tenha sempre sido associado à terapia está errado. Por mais horrendos que sejam os ferimentos que nossos guerreiros recebem, o trauma emocional é o que deixa as cicatrizes realmente mais duradouras. O corpo está muito mais capacitado a sarar do que a psique. Há muitas pessoas qualificadas para conversar sobre qualquer coisa com que você ache estar precisando de ajuda.

Quanto a mim? Tenho a necessidade de estar no controle e sou mal-humorado. Pronto, falei. O primeiro passo, e o mais difícil, é admitir aquilo que você acha (ou não acha) que seja o problema. Depois disso, fica bem fácil. Na realidade, é algo bem capacitante. Esse é o motivo pelo qual vou voltar lá. É uma promessa.

Por mais que inicialmente eu tivesse uma grande resistência a ir, estou feliz de ter dado esse primeiro passo. Pois é, no início é um verdadeiro chute no saco, quando você está apenas começando e se preocupa sobre o que os outros vão pensar. Mas, quer saber? Que se danem. Porque isso não tem a ver com mais ninguém. É com você. Trata-se de fazer nossos guerreiros ficarem novamente inteiros e dar-lhes as vidas que merecem. A vida que você merece.

Epílogo

"O tempo de não se tornar pai é 18 anos
antes de uma guerra."

— E. B. WHITE

A VIDA É CURTA.

O dia em que Lava foi atropelado por um carro serviu como um lembrete sensato de que tudo o que você preza e ama — não, espere, apague isto. O dia em que Lava foi atropelado por um carro serviu como um lembrete sensato de que tudo o que eu prezo e amo pode ser tirado de mim num piscar de olhos. É crucial reconhecer essas pessoas e coisas que são realmente importantes na vida — aquelas pelas quais eu deveria ter a mais alta estima e tratar com o maior respeito. Não somente tive sorte de ter encontrado Lava e ter aprendido as lições que ele me ensinou, mas, de alguma maneira, também tive a sorte de encontrar com uma mulher maravilhosa e duas crianças incríveis.

A experiência da terapia tem sido... bem, francamente, perturbadora. Eu me abri para uma perfeita estranha e respondi perguntas que até Lava percebe que não deve me fazer. Entretanto, se isso ajudar qualquer um dos meus companheiros fuzileiros navais a perceber que *ajuda* não é um palavrão, já terá valido a pena. Aprendi bastante sobre as psiques coletivas de nossas unidades militares, e se os números estiverem certos, a sobrevivência em casa é simplesmente tão perigosa e incerta quanto na zona de combate.

Esses números exibem uma geração que está encrencada. A não ser que sejam encontradas mais e melhores formas para lidar com as dificuldades de múltiplas mobilizações de longo prazo e os problemas inerentes que elas geram, estaremos enfrentando índices ainda mais elevados de suicídios, divórcios e abuso de substâncias químicas entre os veteranos de regresso e suas famílias. Há terapia disponível e os serviços oferecem retiros conjugais. A Administração de Veteranos estabeleceu o Centro Nacional para TEPT, cujo objetivo é aprimorar o cuidado clínico e o bem-estar social dos veteranos norte-americanos por meio de pesquisa, educação e treinamento ligados ao TEPT e outros transtornos relacionados ao estresse. Tudo isso está muito bem e bom, mas, até que haja uma mudança nos paradigmas da cultura militar — que faça com que seja tranquilo ter um problema e buscar ajuda para solucioná-lo —, ainda depararemos com um aumento nas crises familiares relacionadas com a mobilização e os combates. A cada casamento que termina em divórcio; a cada membro das Forças Armadas que se mata e cada vez que um jovem soldado vivenciar problemas de abuso de substâncias químicas, estamos presenciando um acidente de guerra.

Então, o que você vai fazer a esse respeito? Terapia é um caminho, e é uma opção importante. Pesquisadores descobriram que muitos dos veteranos do Iraque que são avaliados positivamente em relação a problemas de saúde mental não obtêm os cuidados de que necessitam. Isso está errado. Que se dane o "livro do berreiro", aproveite qualquer ajuda que lhe for oferecida. O fato de Lava estar tomando antidepressivos tem feito grande diferença. Ele não fica dopado e dormindo o tempo inteiro. Ele ainda sai latindo por aí, porém acalma-se mais rapidamente e ouve melhor. Não parece estar tão estressado quanto esteve no passado. Seu veterinário achou que era a coisa certa a ser feita, especialmente considerando-se a maneira como cresceu. Sem essa medicação, muitos cachorros problemáticos seriam sacrificados pelos seus donos porque são simplesmente difíceis demais para se relacionar. Portanto, não exclua isso.

Como provavelmente ficou claro, frequentemente olho para Lava em busca de respostas. Os cães são especiais no sentido de que parecem ter emoções muito parecidas com as dos humanos, contudo não se preocupam sobre o que os outros pensam deles e de seu comportamento. Raramente se retêm. Não gosto necessariamente disso, mas quase sempre fico encantado pela capacidade e o desejo de Lava de latir para todos e qualquer um que ele veja se aproximando, como se dissesse: *Ei, mundo, esta é minha casa/meu parque/meu carro, e se você não gostar, não tem de viver nele. Na verdade, eu não quero que você queira viver nele.*

Lava curte verdadeiramente cada momento da vida com alegria, senão com um pouco de despreocupação.

Observações de Lava:

1. Lata para quem você quiser, sempre que quiser, por qualquer motivo ou por absolutamente nenhum motivo.
2. Mije onde o outro cara (ou mina) acabou de mijar.
3. Viva cada dia como se fosse o seu último.
4. Você sempre é o cara mais esperto da sala se você não se comparar.
5. Desobedeça a todas a coisas que lhe mandam fazer.
6. Beba água da privada. Afinal, água é água. (Lava nunca realmente praticou esta última, mas eu acho que, secretamente, ele gostaria de tentar.)

NOTAS FINAIS

1. Carta da Humane Society [Sociedade protetora dos animais] ao Secretário de Defesa Donald Rumsfeld sobre a aplicação da Ordem Geral 1A (GO-1A). 2005. http://www/hsus.org/web-files/PDF/Letter_to_Rumsfeld-Soldiesrs_and_Dogs-3-29-05.pdf.

2. Corpo de Fuzileiros Navais dos Estados Unidos. *United States Marine Guidebook of Essential Subjects* [Manual sobre Tópicos Essenciais dos Fuzileiros Navais dos Estados Unidos]. Washington DC: Instituto do Corpo de Fuzileiros Navais, 1983.

3. Força-tarefa do Departamento da Defesa sobre Saúde Mental. 2007. *An Achievable Vision: Report of the Department of Defense Task Force on Mental Health* [Uma visão realizável: Relatório da Força Tarefa do Departamento da Defesa sobre Saúde Mental]. Falls Church, VA: Defense Health Board.

4. CBS News. "Suicide Epidemic Among Veterans" [Epidemia de suicídio entre veteranos]. *CBSNews.com.* 13 de novembro de 2007.

5. Hoge, Charles W. "Longitudinal Assessment of Mental Health Problems Among Active and Reserve Component Soldiers Returning From the Iraq War" [Avaliação longitudinal dos problemas de saúde mental entre os soldados componentes da ativa e da reserva, regressando da

guerra do Iraque]. *The Journal of the American Medical Association*, 13 de novembro de 2007.

6. Zoroya, Gregg. "Soldiers' Divorce Rates Up Sharply" [Os índices de divórcio de soldados aumentam fortemente]. *USA Today*, 7 de junho de 2005.

7. Sontag, Deborah. "Iraq Veteran's Descent; A Prosecutor's Choice" [A decadência do veterano do Iraque; uma escolha do promotor]. *The New York Times*, 20 de janeiro de 2008.

8. Sontag, Deborah e Lizette Alvarez. "In More Cases, Combat Trauma Is Taking the Stand." [Em mais casos, o trauma de combate está indo para a justiça]. *The New York Times*, 27 de janeiro de 2008.

9. Springen, Karen. "Pets: Good for Your Health?" [Bichos de estimação: bons para a sua saúde?] *Newsweek.com*, 11 de janeiro de 2008.

10. Dormin, Rusty. "Iraq War Dog to Retire with Fallen Marine's Family" [Cão de guerra do Iraque vai aposentar-se com a família de fuzileiro naval morto em batalha]. *CNN.com*, 21 de dezembro de 2007.

11. Daddis, Gregory A. "Understandin Fear's Effect on Unit Effectiveness" [Compreender o efeito do medo na eficiência da unidade]. *Military Review*, julho-agosto de 2004.

12. Sturkey, Marion F. *Warrior Culture of the U.S. Marines* [A cultura de guerreiros dos fuzileiros navais dos Estados Unidos]. 2ª ed. Plum Branch, SC: Heritage Press International, 2003.

13. Sontag, Deborah e Lizette Alvarez. "Across America, Deadly Echoes of Foreign Battles" [América afora, ecos mortais de batalhas estrangeiras]. *The New York Times*, 13 de janeiro de 2008.

14. Rizzo, Albert A., Ken Graap, Robert N. Mclay, et al. "Virtual Iraq: Initial Case Reports from a VR Exposure Therapy Application for Combat-Related Post Traumatic Stress Disorder" [Iraque virtual: Relatórios iniciais de casos de aplicação da terapia de exposição à RV para

transtorno de estresse pós-traumático relacionado com o combate]. *Office of Naval Research*, 15 de julho de 2007.

15. Dennis Patrick Wood, Jennifer Murphy, Kristy Center, Robert McLay, Dennis Reeves, Jeff Pyne, Russell Shilling e Brenda K. Wiederhold. *CyberPsychology & Behavior* [Ciber-psicologia & comportamento]. 1º de abril de 2007, 10 (2):309-315. doi:10.1089/cpb.2006.9951.

16. Hoge, Charles W., Carl A. Castro, Stephen C. Messer, Dennis McGurk, Dave I. Cotting e Robert L. Koffman. "Combat Duty in Iraq and Afghanistan, Mental Health Problems, and Barriers to Care" [Serviço de combate no Iraque e no Afeganistão, problemas de saúde mental e obstáculos para o tratamento]. *The New England Journal of Medicine*, 1º de julho de 2004.

BIBLIOGRAFIA

ARTIGOS

Alvarez, Lizette e Deborah Sontag. "In More Cases, Combat Trauma Is Taking the Stand" [Em mais casos, o trauma de combate está indo a julgamento]. *The New York Times*, 27 de janeiro de 2008.

CBS News. "More Iraq Vets Seek Mental Health Care" [Mais veteranos do Iraque procuram tratamento de saúde mental]. 1º de março de 2006. http://www.cbsnews.com/stories/2006/03/01/iraq/main1357296. shtml?source=serch_story. Acessado em 22 de janeiro de 2008.

CBS News. "Suicide Epidemic Among Veterans" [Epidemia de suicídios entre veteranos]. Novembro de 2007. http://www.cbsnews.com/stories/2007/11/13/cbsnews_investigates/main3496471shtml.

Daddis, Gregory A. "Understanding Fear's Effect on Unit Effectiveness" [Compreender o efeito do medo sobre a eficiência da unidade]. *Military Review*, julho-agosto 2004. http://usacac.army.mil/cac/milreview/download/English/JulAug04/daddis.pdf.

Força-Tarefa do Departamento da Defesa sobre Saúde Mental. 2007. *An Achievable Vision: Report of the Department of Defense Task Force on Mental Health* [Uma visão realizável: Relatório da Força-Tarefa do

Departamento da Defesa sobre Saúde Mental]. Falls Church, VA: Defense Health Board.

Dormin, Rusty. "Iraq War Dog to Retire with Fallen Marine's Family" [Cão de guerra do Iraque vai aposentar-se com a família de fuzileiro naval morto em batalha]. *CNN.com*. http://www.cnn.com/2007/US/12/21/marine.dog/index.html. Acessado em 14 de janeiro de 2008.

Elias, Marilyn. "Mental Disorders Are on the Rise among Afghanistan, Iraq Veterans" [Os transtornos mentais estão aumentando entre os veteranos do Afeganistão e do Iraque]. *USA Today*, 30 de março de 2005. http://www.usatoday.com/news/nation/2005-03-30 veterans-disorders_x.htm?loc-interstitialskip. Acessado em 22 de janeiro de 2008.

Fontana, Alan F., e Robert A. Rosenheck. "Recent Trends in VA Treatments of Post Traumatic Stress Disorder and Other Mental Disorders" [Tendências recentes em tratamentos VA de transtorno de estresse pós-traumático e outros transtornos mentais]. *Health Affairs: The Policy Journal of the Health Sphere*. 2007. http://content.healthaffairs.org/cgi.conten.abstract.26.6/1720. Acessado em 22 de janeiro de 2008.

Hoge, Charles W., Carl A. Castro, Stephen C. Messer, Dennis McGurk, Dave I. Cotting e Robert L. Koffman. "Combat Duty in Iraq and Afghanistan, Mental Health Problems, and Barriers to Care" [Serviço de combate no Iraque e no Afeganistão, problemas de saúde mental e obstáculos para o tratamento]. *The New England Journal of Medicine*, 1º de julho de 2004.

Hoge, Charles W., Jennifer L. Auchterlonie e Charles S. Milliken. "Mental Health Problems, Use of Mental Health Services, and Attrition from Military Services after Returning from Deployment to Iraq or Afghanistan" [Problemas de saúde mental, utilização dos serviços de saúde mental e atrito com os serviços militares depois da mobilização para o Iraque ou Afeganistão]. *The journal of the American Medical Association*, 1º de março de 2006.

JAMA/Archives. "Mental Health Needs of Soldiers Increase Several Months After Returning from Iraq War" [Necessidades de saúde mental dos soldados aumenta vários meses após o retorno da guerra do Iraque]. 13 de novembro de 2007. www.jamamedia.org.

Lorge, Elizabeth M. "Army Study Finds Delayed Combat Stress Reporting" [Estudos das Forças Armadas encontram defasagem nos relatos de estresse por combate]. *Army.Mil/News*, 14 de novembro de 2007. http://www.army.mil/news/2007/11/14/6090-army-study-finds-delayed-combat-stress-reporting/. Acessado em 22 de janeiro de 2008.

Mental Health Advisory Team, Operation Iraqi Freedom [Equipe Consultiva de Saúde Mental, Operação Liberdade para o Iraque]. "Review of Soldier Suicide" [Revisão de suicídios de soldados] (Anexo D), 16 de dezembro de 2003. http://www.armymedicine.army.mil/news/mhat/mhat/Annex_D.pdf.

Milliken, Charles S., Jennifer L. Auchterlonie e Charles W. Hoge. "Longitude Assessment of Mental Health Problems Among Active and Reserve Component Soldiers Returning From the Iraq War" [Avaliação longitudinal dos problemas de saúde mental entre os soldados componentes da ativa e da reserva, regressando da Guerra do Iraque]. *The Journal of the American Medical Association*, 14 de novembro de 2007.

Osterwell, Neil. "Iraq Vets Bringing Home Mental Health Needs as High Rate" [Veteranos do Iraque trazendo para casa elevados índices de necessidades de saúde mental]. *Medpage Today*. 2006. http://www.medpagetoday.com/Psychiatry?AnxietyStress/tb/2763 March 01. Acessado em 22 de janeiro de 2008.

Pacelle, Wayne. Carta ao secretário da Defesa, Sua Excelência Donald Rumsfeld, 29 de março de 2003. http://www.hsus.org/web-files/ PDF/Letter_to_rUMSFELD-SOLDIERS-AND-dOGS-3-29-05.PDF.

Sontag, Deborah. "Across America, Deadly Echoes of Foreigh Battles" [América afora, ecos mortais de batalhas estrangeiras]. *The New York Times*, 1º de janeiro de 2008.

Sontag, Deborah. "An Iraq Veteran's Descent; A Prosecutor's Choice" [A decadência de um veterano do Iraque; uma escolha do promotor]. *The New York Times*, 20 de janeiro de 2008. http://www.nytimes. com/2008/01/20/us/20vets.html?r=1&scp=1&sq=Iraq+Veteran% 27s+Descent%3B+a+Prosecuto%27s+choice+&st=nyt&oref=slogin. Acessado em 22 de janeiro de 2008.

Springen, Karen. "Pets: Good for Your Health?" [Bichos de estimação: bons para a sua saúde?]. *Newsweek.com*, 11 de janeiro de 2008. http://www.newsweek.com/id/91445.

Suicide Risk Management and Surveillance Office [Departamento de Vigilância e Gerenciamento de Riscos de Suicídio]. *Army Suicide Event Report (ASER)* [Relatório das Forças Armadas sobre eventos de suicídio] , 2006.

Rizzo, Albert A., Ken Graap, Robert N. Mclay, *et al*. "Virtual Iraq: Initial Case Reports from a VR Exposure Therapy Application for Combat-Related Post Traumatic Stress Disorder" [Iraque virtual: relatórios iniciais de casos de aplicação da terapia de exposição à RV para transtorno de estresse pós-traumático relacionado com o combate]. *Office of Naval Research*, 15 de julho de 2007.

Tyson, Ann Scott. "Repeat Iraq Tours Raise Risk of PTSD, Army Finds" [Forças Armadas descobrem que repetir idas ao Iraque eleva riscos de TEPT]. *Washingtonpost.com*, 20 de dezembro de 2006. http://www.

washingtonpost.com/wp.dyn/content/article/2006/12/19/AR2006121901659.html.

Tyson, Ann Scott. "Troops' Mental Distress Tracked" [Ratreado transtorno mental de tropas]. *Washingtonpost.com*, 14 de novembro de 2007. www.washingtonpost.com. Acessado em 22 de janeiro de 2008.

Vedamtam, Shankar. "Veterans Report Mental Distress" [Veteranos relatam distúrbios mentais]. *Washingtonpost.com*, 1º de março de 2006. www.washingtonpost.com. Acessado em 22 de janeiro de 2008.

Wood, Dennis P., Jennifer A. Murphy, Kristy B. Center, Carol Russ, Robert N. McLay, Dennis Reeves, Jeff Pyne, Russell Shilling Jack Hagan e Brenda K. Wiederhold. "Combat Related Post Traumatic Stress Disorder: A Multiple Case Report Using Virtual Reality Graded Exposure Therapy with Physiological Monitoring" [Transtorno de estresse pós-traumático relacionado ao combate: relatório de múltiplos casos usando a terapia de exposição graduada à realidade virtual com monitoração fisiológica]. *Office of Naval Research* [base de dados]. Acessado em 22 de janeiro de 2008.

Zoroya, Gregg. "Soldiers' Divorce Rates Up Sharply" [Os índices de divórcio de soldados aumentam drasticamente]. *USA Today*, 7 de junho de 2005. http://www.usatoday.com/news/nation/2005-06-06-soldier-divorces_x.htm.

LIVROS

Crawford, John. *The Last True Story I'll Ever Tell* [A última história verdadeira que eu vou contar]. Nova York: Riverhead Books, 2005.

Figley, Charles R. e Nash, William P. (eds.), *Combat Stress Injury: Theory, Research and Management* [Lesão por estresse de combate: teoria, pesquisa e gerenciamento]. Nova York: Routledge, 2007.

Jones, James. *WWII*. Nova York: Grossett and Dunlap, 1975.

Kopelman, Jay e Melinda Roth. *De Bagdá com muito amor*. Rio de Janeiro: Best*Seller*, 2007.

Levine, Mark L. *Rescuing Sprite: A Dog Lover's Story of Joy and Anguish*. [Resgatando Sprite: Uma história de alegria e angústia de um amante de cães]. Nova York: Pocket Books, 2007.

Luttrell, Marcus e Patrick Robinson. *Lone Survivor* [Sobrevivente solitário]. Nova York: Little, Brown and Company, 2007.

McConnell, Patrícia B. *For the Love of a Dog: Understanding Emmotion in You and Your Best Friend* [Pelo amor de um cão: compreender a emoção em você e em seu melhor amigo]. Nova York: Ballantine Books, 2006.

Sturkey, Mario F. *Warrior Culture of the U.S. Marines* [A cultura de guerreiros dos fuzileiros navais dos Estados Unidos]. 2ª ed. Plum Branch, SC: Heritage Press International, 2003.

Sweofford, Anthony. *Jarhead* [Fuzileiro naval]. Nova York: Scribner, 2003.

Underwood, Lamar, ed. *The Quotable Soldier* [O soldado citável]. Connecticut: Lyon Press, 2005.

Corpo de Fuzileiros Navais dos Estados Unidos. *United States Marine Guidebook of Essential Subjects* [Manual sobre Tópicos Essenciais dos Fuzileiros Navais dos Estados Unidos]. Washington, DC: Instituto do Corpo de Fuzileiros Navais, 1983.

Williams, Kayla. *Love My Rifle More Than You: Young and Female in the U.S Army* [Amo meu rifle mais que você: jovem e mulher nas Forças Armadas dos Estados Unidos]. Nova York: W.W. Norton & Company, 2005.

Este livro foi composto na tipologia Book Antiqua,
em corpo 10,5/18,5, impresso em papel off-white 80g/m²
no Sistema Cameron da Divisão Gráfica
da Distribuidora Record.